（切割線）

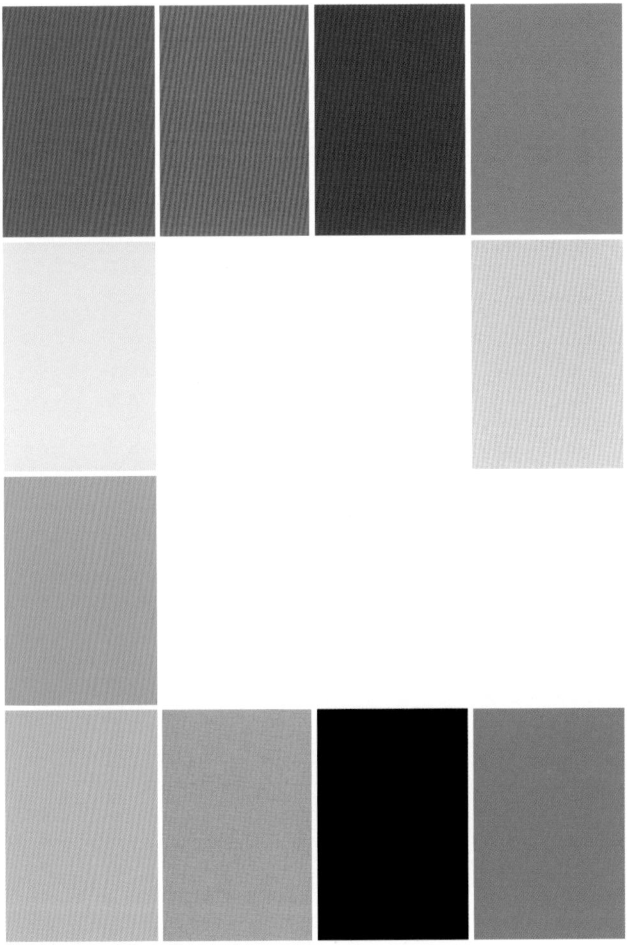

勾陳	朱雀	騰蛇	太常
六合			白虎
青龍			太陰
貴人	天后	玄武	天空

附圖：十二神色彩盤

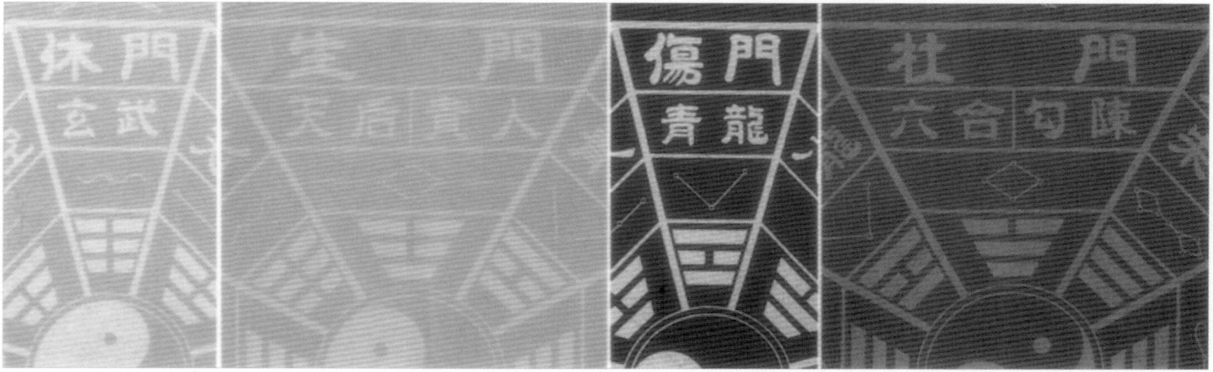

●休門　●生門　●傷門　●杜門

附圖:八門色彩盤

（切割線）

（切割線）

●景門　●死門　●驚門　●開門

附圖：八門色彩盤

（切割線）

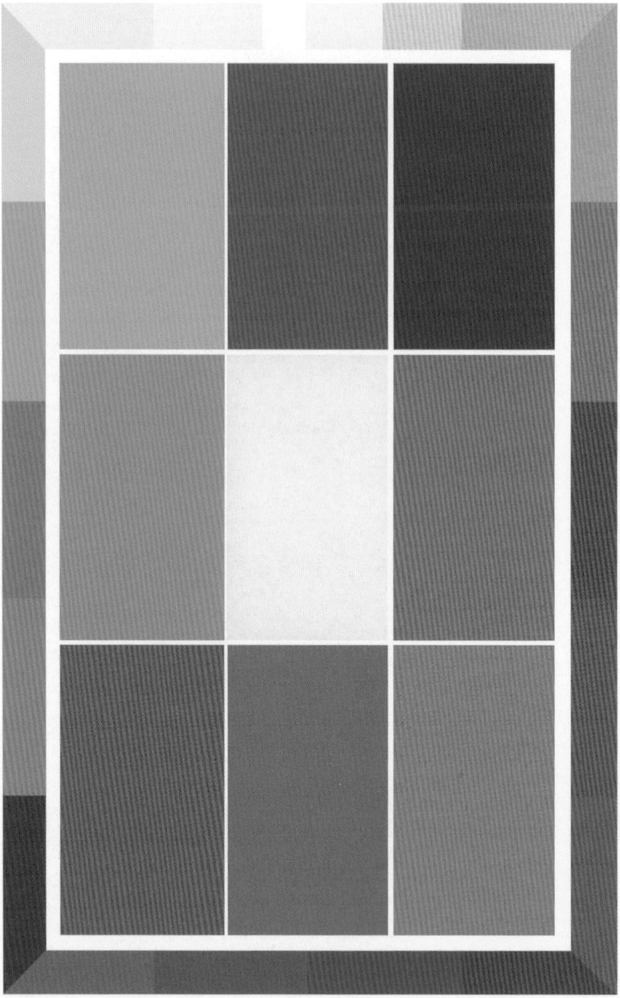

四綠	九紫	二黑
三碧	五黃	七赤
八白	一白	六白

附圖:九星色彩盤

仙道術

遁甲法

序文

所謂「仙人」，想必已是眾所周知，不過，有關仙術的世界，至今除了文學之外尚無任何專論。理由非常簡單，只因為仙人之術過於光怪陸離，仍是個謎。仙人術神奇之處大致如下：

◎出神術：同時使自己出現在兩個地方以上的法術。可以說是一種分身術。

◎隱形術：使形體消失在空間的法術，亦稱為遁甲術。

◎變化術、變身術：改變成各種姿態的法術。譬如老人變年輕人、男變女、人變獸等。同時，把物體改變成其他形狀的法術也包括在此列。

◎空中浮遊術、飛行術：能浮在空中或在空中飛行的法術。不僅是身體浮遊而上，也有以騰雲駕霧或騎龍等方法。

◎氣象制御術：自由地呼風喚雨等有關控御天氣的法術。與此類似的還有造成地震，控制水、火的法術。

◎地脈吸引術：把遠處的景物拉近眼前的法術。即類似現代語所謂的千里眼或預測。

我是在無意間開始修練這類使用奇怪法術的仙人修行法，亦即所謂仙道。早在這之前則是和這世界毫無因緣的。因為普通的仙道是肉體與精神的鍛鍊，卻沒有陳述前面所述等光怪陸離法術的秘訣。

但是，當我熱衷於修練仙道時，不知不覺中就進入只出現在文學上的仙人世界。

譬如，不知從何時開始竟然也學會了出神術或隱形術或氣象制御術等。可說是親身體驗了仙術。

要進入仙術前有幾個過程，最簡便的是由標準的仙道導入的方法。具體而言，利用內功（呼吸與意識集中法）或外功（氣功法）的技巧強化全身的氣道而給予控制。不厭倦地潛心修練，不知不覺中就能運用神奇的仙人術。

使用這個方法時，完全不須和接下來所介紹的符咒接近法一樣，必須使用道具、唸誦各種咒文或施行儀式作法等。只利用正統而簡單的方法就能進入神奇的仙人世界。不過，必須深入地修練。一知半解的修行則一事無成。

以我的經驗為例，我是在一切都順乎自然的過程中摸索到仙道的延長——仙人術。

根據調查，從前的仙人大多具有同樣的經驗。這可以說是最自然簡單的仙術接近法。

與此法正好相反的是利用符咒，亦即藉由中國道法進入仙人術的方法。

符咒其所包含的法力，與仙道的方法相較起來可以節省許多精力和勞力。因此，具體而言即使是外行人，在初學時就能得到極大的效果。

不過，在其他方面卻需要極大的勞力。舉例而言，必須精製各種修練用具、護符的寫法、咒文的唸誦法及各種儀式的實行法等。

筆者曾經教授他人修練仙人術之法，其中也使用過不少符咒法，其準備的功夫的確費神。因為如果敷衍草率地準備，不但無法達成效果，還會遭到意想不到的現象。老實說，這個方法只能適用於有錢有閒、有良師的人。

不過，以個人的觀點而言，以上所說的任何方法都不適合想獨自修練的初學者。若想藉由仙道的內功、外功修練法等接近仙人術，在習得之前大概必需花費數年，甚至人生的大半輩子，而利用符咒的方法，若無金錢與良師指導的，根本無法成功。

因此我所建議的是第三種方法。就是利用仙道的印象法再配合會產生超能力的物體。

所謂印象法是指利用顏色的冥想。不過，顏色的使用有其限制，必須是能與自然界對應的顏色。

所謂產生超能力的物體是指好比神秘圖形、大地的特異點等能夠散發強大威力的物體。

這就是筆者所謂的第三種方法，名之為利用遁甲冥想的仙道術訓練法。簡言之為仙道術。

而練習此法時必需使用筆者所製作的遁甲冥想盤或各種色彩盤。其中最重要的是遁甲冥想盤。冥想盤中正如密教的曼荼羅、西洋魔術的生命樹一樣地記載著各種仙人術的作法。同時，冥想盤也能產生訓練時所必要的強勁超能力。

若使用遁甲冥想盤即使是初學者，雖然比符咒法較花費時間，卻能以比仙道法更簡短的時間習得仙人術。

當然，要完全精通仙人術必需花費相當的時間，不過，只要帶著信心持續地修練，就能出乎意料地迅速學會仙人術。筆者親睹諸多的實例就是最好的例證。

至於仙道術大致是由下面的內容所構成：

▲護身、結界法

▲神飛術
▲異空間作成法與時空控制術
▲天地能源控制法

其中護身、結界法是為了阻止對施術者造成不良影響的超能力或邪惡能源的訓練法。

神飛術是指以各種方法凝聚自己的元神，以及創造某種人格性神通的訓練法。是東洋的式神之術。

異空間作成法是為了製造進行冥想或法術訓練場的方法。熟悉此法時可以自由地控制空間或時間，以便驅使用各種仙人術。

舉例而言，在空間中隱身或出現分身，甚至浮遊在空中都是習得此法後才能施行的仙人術。

所謂天地能源控制法，是指氣象制御或大地熱能的控制法。

若能習得此法，就能發揮撥雲見日、呼風喚雨，甚至造成地震等神通。同時，也能自由自在地控制水或火。

令各位習得以上所述的仙人術，就是本書的目的。

另外，本書各章的編排法是先介紹古時候仙人們的神奇法術，接著說明筆者本身所編撰的各個法術訓練法及使用法。其次是經驗談。

這個編排方式，其目的是要讓各位學習仙人術及瞭解其神奇之處，並實際的作訓練。

不過，對於高難度的法術即使明示其做法要訣，一般人亦難有領會，所以，本書以敘述或經驗談為中心。有關這方面的法術，等讀者將來有能力時再根據本書的技巧，自己下工夫去修練。

在訓練之前請剪開本書附錄的冥想盤及各種色彩盤放在身邊。這是修練仙人術的基本道具，請務必妥善保管。最好收藏在透明的塑膠盒裡。

那麼，就請實際地拿起本書向神奇的仙人世界挑戰吧！

高藤聰一郎

目錄

第一章

殺敵突圍印象武器與依令而動的色彩精靈術

自由操縱印象武器的神奇劍仙

仙人中有一群被稱為「劍仙」的人。這是指可以自由地使劍神奇地舞動的人，利用此劍和敵人對戰或擊倒危害自己的人。

當然，他們所揮舞的劍並非實際的劍。有人認為是利用法術所形成的印象之劍，而有人則認為那是人所變出來的劍。總而言之，這些可以自由地操縱超乎想像的神奇之劍的人，就稱為劍仙。

到底什麼是劍仙？在宋•王明清著《玉照新志》書中有如此的記載：

宋朝有一個名叫姜適的人，到京城應考後返回故鄉的途中，一頂載著女人的轎子，跟在其後直到他家。從轎中走出一位二十出頭的絕世美女，說要當姜適的妻子，姜適以有妻室為由拒絕時，對方卻說願意充當側室。

姜適眼見難以回絕，便讓她住在空屋以便觀察她。姜適所以讓她住在別的地方，乃是覺得那位女人有點恐怖。

經過大約一年，兩人的關係漸漸融洽。但是，有一天一名道士到女人的處所一探究竟。

那位道士向姜適說，如果沒有他的出現姜適將遭逢天大的災難。

據道士所言，那個女人是劍仙，她的丈夫正四處找她，不久便要來到此地。說不定姜適會被捲入這個糾紛中，而遭致極大的危險。

果然，當天晚上兩隻利劍射破窗戶飛進屋內，隨即在端坐椅上的姜適頭上飛舞，展開一場令人恐懼的交戰。隔天早上一看，四處皆是一片血海，其中還留有剛被斬下的屍首。道士用一些神奇的藥粉灑在這片血跡上，結果道士及眼前的一切全部消逝無蹤，只留下那名美女。不過，到了隔天，美女也主動離開了。

*

真是令人驚心動魄的描述。不過，只要我們經過嚴格的訓練，就會知道那絕非是幻想的，那印象世界中的景物是一場真正令人恐懼的現象。

有一次，我承蒙四國的有志之士的邀請，到高知縣的山中舉行仙道研討會。記得在研討會開始後的第二天或第三天的晚上，就發生了一件奇事。那天所有的課程都已完畢，因此，我坐在遁甲布盤（與附圖的遁甲冥想盤大些）運氣時，看到了二個意想不到的奇妙現象。

當時，和我同處一室的是名為小須田的人，突然「啊！」地叫了出來，他的雙手壓在他自己的喉嚨處，神情顯得極為痛苦的樣子。事出突然，我嚇一大跳，趕忙問對方到底是怎麼回事，他說霎那間好像有一股奇怪的力量襲擊而來，喉嚨被掐住無法呼吸。

當時我正在做把遁甲布盤上所劃的武器浮到空中飛馳的訓練。由於沒有其他的原因，很可能是這些武器對他產生的某種作用吧！

這是有原因的。在此之前我曾親眼看見遁甲布盤上的武器顯現神奇的作用。那是個奇怪的現象，首先在我所坐的位子上彷佛地震般地搖晃，接著盤中的武器閃著亮光，從布盤上浮起數公分。接著我再運用印象之力把劍再往上提高，讓它在周圍旋轉時，便產生前述的狀態。

另有一個有關印象武器的實例。這次一開始就朝著目的進行，因此記得特別清楚。

那是我和一名叫做山口的人做訓練時所發生的事。這個人在內功（利用呼

1 殺敵突圍印象武器與依令而動的色彩精靈術

吸或意識的集中練氣的方法）方面有極大的功力，事實上具有仙人術上的優越素質。

總而言之，他所學會的各種法術技巧，常超乎我的教導。他尤其喜愛這項仙人術。

那時我如此的命令他：

「不僅要讓印象武器在身邊繞轉，還要朝我飛射過來。」

因我想藉此教他武器的投射法。剛開始他似乎躊躇著，為何要向師父投擲武器，不過我說：「沒關係，不會有問題的。」

催促他趕快進行。

因此他放下心來，首先讓武器在周遭繞轉數周，接著便往我身上飛射過來。碰到這種情況我一點也不擔心。因為熟悉此仙人術的我，知道如何把飛來的武器化解的方法。做法是把所有的意識完全消除讓自己的存在變成零的狀態。

當時我也根據這個理論而做。結果，果然不出所料，他的武器彷彿像空氣一般，從我的身體穿過。

後來，我又運用意識把武器投回給他。但是，對方也不是省油燈，隨即把該武器收回自己的迴轉軌道。因此，那把武器就在他的周遭來回地旋轉。

在這樣的狀態下我詢問他對剛才的感受。

「好像是穿過空氣的感覺，毫無反應。」

在一問一答的過程中，武器仍然在我們之間繞轉著。就在這個時候，小須田的太太正往這邊走來。我想這剛好可以作個實驗，於是命令山口說：

「試試看，把武器投向小須田的太太。」

山口先生隨即付諸實行。

就在接下來的瞬間，走到山口先生身旁的小須田太太突然叫了一聲「啊！好痛。」雙手壓住心窩蹲了下去。

看到這種景象嚇了一跳的我們，趕緊問小須田的太太到底是怎麼回事。她心驚膽戰地抬起臉來說：「我走到這裡時，心口突然覺得彷彿被錐子一樣的利器刺了一下，痛得無法忍受而蹲下來。」

聽到她的回答，山口先生和我忍不住面面對視。

有關意識武器的實例就介紹到此為止。接下來為您介紹劍仙術的基本訓練法。

護身法的八門武器冥想要訣

由上述的例子可知，劍仙之術基本上是具有攻擊性要素的法術。但是，同樣地也具有防衛的功能。因為它隱藏著擊退敵人的強大力量。

在仙道法術上是利用此術作為「護身用、結界用」，是擊破外界來的靈魂方面、或符咒術方面的力道。

作法如下：

①請剪開本書所附的遁甲冥想盤，攤開在桌上。或將其拷貝放大在桌上。把磁石放在遁甲冥想盤的正中央的太極圖（黑色和白色交叉的位置）上，把磁針的尾極朝向北寫著休門的位置。讓通過太極圖上兩點（黑點、白點）的延長線，與休門的邊緣可對準正北方。

②然後對著休門或景門而坐，接著從休門上部所描繪的武器開始依順時鐘方

描繪在遁甲冥想盤外側的八項武器

向在心中冥想八種武器。

接著把武器的名稱介紹如下，以供參考，有興趣者可以背誦下來。

休門——兩把交叉的大刀
生門——鉤
傷門——匕首（短劍）
杜門——矛
景門——雙月牙
死門——雙繩鏢
驚門——匕首（與傷門同）
開門——成對的三股叉

③當可以冥想出武器的外觀時，接著想像這些武器依順時鐘方向繞轉的樣子。然後再想像這些武器從盤中脫離而出，在

冥想中自己身體周遭繞轉的情形。

④想像手上的利刃，輕易地斬斷東西的樣子。為了使這種感覺更為真確，可以實際地拿著銳利的小刀、菜刀或尖銳的針，靠近手背去想像這個感覺。

這種印象冥想非常的重要，不徹底實行很難獲得效果，請務必充分的練習。

根據我們的經驗，當可以鮮明地描繪印象時，會有一股彷彿利刃飛來的壓迫感。當這股壓迫感非常強烈時，不禁會使人要仰身後退。

同時，當意識中的武器飛向眼睛等要害時，會有令人興起痛楚感。雖然只是霎那間，卻會令碰到這種意識武器的人眼睛失明。

武器的實際力量

下面介紹一個有關這方面的例子。

有一次，七、八個人在做這個訓練法。當每個人做完武器繞轉的練習後，二人一組做武器相互投擲的訓練。

做法是一方當攻擊者，而另一方則運用意志與之交戰。

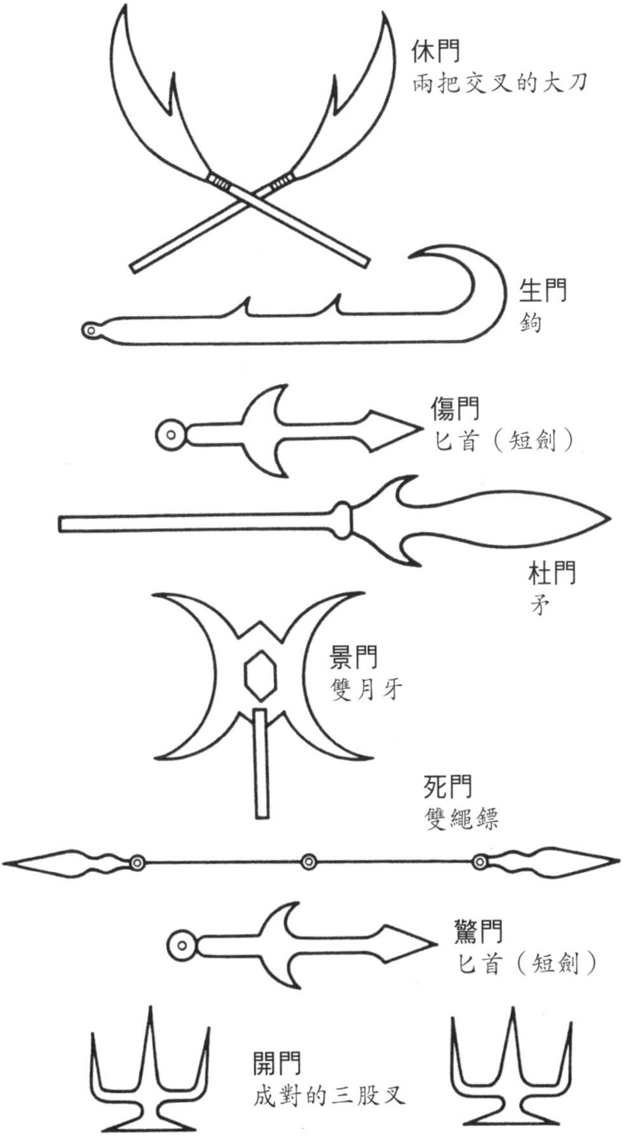
休門
兩把交叉的大刀
生門
鉤
傷門
匕首（短劍）
杜門
矛
景門
雙月牙
死門
雙繩鏢
驚門
匕首（短劍）
開門
成對的三股叉

八門的武器

剛開始由於大家的能力太弱，並沒有顯著的跡象，不過，在訓練中能源變得越來越強。房裡到處是清楚可見的刀光劍影，險象環生。

不過，以我的感覺還不夠真確。因為使用實際刀刃的印象訓練還不夠。

因此，我覺得有必要再改進，於是叫其中一人過來，我用印象中的武器猛力地刺向他。在這個階段，他的反應是稍微想要撇過臉去。於是我又繼續往前逼近，他隨即驚恐地往後倒退。

詢問之下，原來他覺得彷彿有一把真的利刃正往其逼近，使他無法靜止不動。我向數人做過這樣的試驗，結果都一樣。

最後我朝其中一人的眼睛用力地把武器飛射過去，他叫嚷著「好痛！」掩著眼睛逃開。接著對其他人做同樣的試驗，結果毫無例外地都掩著眼睛逃開。

據他們所言，當我表現出投擲某個利刃的動作後，其眼睛會突然有彷彿被針刺般的感覺，眼前頓時一片昏暗。

以上是護身武器術的一個結果。由此可見它對人的肉體能發揮相當明確的效果。

如果每天持續地做這種印象訓練法，由外界而來的各種障礙（尤其是精神上、靈魂上的障礙）會受阻於武器的力量而無法滲入人體。

同時，雖然並不是好的用法，不過正如山口先生例中所述的，利用武器飛射向對方的印象法時，也可能對想侵犯自己的人造成精神上或肉體上的打擊。

不過，不可以向有閱讀本書而做修練的人施行這個印象法，如果雙方能力相當，會變得毫無效果或互相傷害。同時，如果對方的能力比自己強，意志力會返折向自己而使自己受到傷害。

另外，若熟練八種武器的冥想，並不需要每天作印象練習法。因為武器會任意地發生效果。這時會出現下列顯著的現象：

你周遭的人在不知不覺中從你身上會感到一股壓迫感。尤其是對你沒有好感的人特別顯著。而對你抱有好感者多半不會感覺或只有輕微的感應。因此，對你不懷好意的人自然就不會再接近你。

正因為如此，希望各位能勤加練習，讓這個現象顯著化。一旦修練至此境界，舉凡一切無法用科學解釋的特異現象，就不能挨近你的身邊。

被術士操縱的神將

中國的法術（符咒）師最常使用的法術中有所謂的鬼神制御術。明・羅貫中撰，馮夢龍改撰《三遂平妖傳》一書中對此術有一番解釋，在此介紹如下。

文中出現的老太婆、蛋子和尚、瘸子是本書的主角。

故事是由鬼神制御術的修行開始。

話說蛋子和尚的確聰明過人，過目不忘。瘸子將手伸向空中不停地比劃。也許是道緣（有關仙道之緣）所致，本來慵懶成性剎時卻變得勤奮努力。說不定是苦心修練的結果，終於趕上別人的腳步。

大家行北斗之步（採取北斗七星排列法所創的步法）唸誦咒文、焚燒護符地持續了七天、十四天的勤奮修練。到了第二十一天，開始出現輕微的反應。傳來舞劍的聲音，還乍見衣袍（古代中國的衣裳）的顏色。不過，還未能成為真正的神將，彷彿部下前來探視的情形。

過了第二十八天、第三十五天時，神將終於現出了原形。但是，有時只露半身，有時則出現全身，出現的方式並未固定。

而且，有時一個人出現，有時群將蜂擁而至，有時又率領部下前來，每次出現的樣子都不同。不過都是來的急去的也快，從不逗留在庭院中。

本來神將無處不在，只不過普通人渾渾噩噩無法感應，因此俗眼是看不見的。

但是，持續地焚燒咒符、唸誦咒文，當修行者繞著祭壇走動，神將會受到該動力的牽引而通過修法的祭壇附近。敬謹地執行此法者由於想要看穿神將的真面目，當然沒有看不見的道理。但是，神將忽而出現卻隨即離去，是表示修法還不夠或法力尚不充分。

但是，修法到第四十九天時，神將們已不會立即離去，會停留在庭院中等待他們的命令。當神將們聚集在庭院時，彷彿千軍萬馬的氣勢，令人覺得有壓迫感。

這時，老太婆在前而和尚及瘸子在後，一派威嚴地站著，如此地宣告：

「我們三人是上帝的眷屬，奉九天玄女娘娘（道教的女神）之命，手捧天文符籙（咒符的一種）要弘揚道教之法。

現在召你們前來，請仔細聽從我的命令，待有功之日向上帝呈報，記錄你們的功勞。望你們能獲得特別的晉昇。」

聞此言，神將們俯首稱「是」。然後便消逝無蹤了。庭院也恢復了原來的平靜。

蛋子和尚與瘸子每天眼見神將們的一來一往，剛開始表現的恭恭敬敬，慢慢地便習慣於面對神將們。隨著習慣，原本性急的蛋子和尚已經無法忍受經常地跟在老太婆之後，反覆做同樣的事情。

因此，他想試試看自己的法力到底如何。於是在三更半夜偷偷地爬起來，獨自走到祭壇，雙手出法印並誦起咒文。結果隨即傳來極大的響聲，庭院裡出現一名神將。

他的眼睛彷彿銅鈴，臉孔彷佛紫色螃蟹，留著大把鬍鬚，頭上的頭盔發出黃金色的光芒，穿著龍形紋的袍子，手上拿著黑旗，一副隨即可呼風喚雨的架式。然後自報姓張。

神將向和尚一鞠躬後接著說：

「承蒙吾師召喚，不知有何貴事？」

和尚已經慌張地亂了陣腳，臉頰紅脹、心跳不勻。不過，總算定下神來說：

「這個庭院的背後，在北方窗口的附近沒有任何植物，而在西側園裡有一顆碩大的梨樹，你去把它移植到這裡。」

神將聽到這個命令後就離開了。

不久，捲起一陣大風，飛砂走石，連瓦礫都吹到空中。和尚耳中傳來千軍萬馬奔騰的響聲。不久後，風也停了，和尚走到樓下一看，園裡已經種了四棵碩大的梨樹。

翌日，老太婆看到這個景況，明白是和尚所搞的鬼，立即叱責和尚說：

「神將和俗人的差使不同，不是隨便做雜事的，更何況你的修練尚未成熟，如果招怒了神將連命也沒有了。」

和尚誠惶誠恐的道歉說：「以後我會小心……。」

以上雖然僅截取其中的部分記述，不過，這則故事卻詳細地說明了鬼神制御術的修行情形、呼叫神將的方法及其注意事項。這也可以說是鬼神制御術的特徵。

不過，鬼神制御術中被召的對象因各個術士而異。譬如在《三遂平妖傳》中所召喚的是威嚴而具有震撼力的武將。而在《秘藏通玄變化六陰洞微遁甲真經》（遁甲符咒的真經教本）中，則召喚名為六丁玉女的女性化之神。

有些術士甚至還差使孫悟空。

總而言之，鬼神制御術所差使的神將並不固定。只要施術者認為最具神通者的都能充當神將，這就是鬼神制御術的特色。

因此，這項法術若有疏忽，往往就帶有黑法術的色彩。因為有些施法者認為只要有神通，就連妖魔鬼怪也能當做神將來差使。現在的台灣、東南亞的華人社會便常見這種例子。

在此舉其中的例子做為參考。

利用符咒誘惑女子的老人

若有能施法術就吸引異性的方法那該多好，想必這是多數人都有過的念頭。而事實上就有符咒師付諸實行，他的名字叫盧秋榮，從前住在台灣的台中市。

不知他是從何處學來的，竟然會使用借鬼兵術的咒術。

所謂的借鬼兵是差使鬼魂操縱人的法術，具有相當大的威力，被施法的人根本無法抵抗這種法力。

盧秋榮當時是六十歲左右的老人，形單影隻地住在台中市。在他搬到那裡之前，沒有人知道他以前住那裡、從事什麼職業。

自從搬到這裡後，蓋了一間奇妙的竹屋，整天就待在屋裡，只有以占卜賺取生活費時才外出。附近的人都搞不懂他到底在家中做些什麼，但是，大家也不願對別人的生活多加干涉，而採取視若無睹的態度。

不久，年輕的少女們一來一往，在老人家的住處進進出出，人數與日俱增，其中甚至還有人住了下來。

老人到街上時可說是前呼後擁的壯觀，一人牽著老人的手，一人環抱著腰，有的走在老人前面，有的跟在其身後。把老人重重圍住，彷彿迷你的遊行隊伍在街上行進。

從這時候開始老人似乎有錢了，幾乎不再出外工作。而這些女孩子們似乎利用從事色情工作或各種零工來供養這個老人。

為何會有這麼多女孩聚集在老人身邊呢？毫無疑問是被借鬼兵術所迷惑了。

盧秋榮是利用下列的方式進行咒術：

首先他到位於霧峰的百姓公廟（祭祀無主孤魂的場所），把放在神壇上的香爐清理後焚上香，接著唸誦下列的咒文：

「天下的百姓公、陰靈最具神通，助我發財利，助我解難關，有事來相助，無事回陰壇，重兵擁護我，謀事自然成，急急嚇嚇陽陽，只要我的令符至，迅速往壇場來相助，功成奉羹果，加倍還紙錢，弟子陰教——盧秋榮奉督靈大元帥之命，急急如律令。」

唸誦完咒文後，首先在神壇下燒一張咒符，接著在香爐上再燒一張，最後在門口又燒一張，合計焚燒三張咒符。神壇上所焚燒的叫做聚陰符，香爐上所焚燒的叫聽令符，最後在門口所燒的是靈通符。

焚燒完畢後，老人在百姓公廟四處收集所有燒剩的香柱，全部大約有一百根以上。然後用紙包起來，趕緊回到家裡。

到了晚上夜深人靜時，悄悄地雕刻竊取回來的桃木做成一個匾額，上面刻上「靈通百姓大公神位」的文字。

然後把從百姓公廟帶回來燒剩的香柱全部燒成灰，放進家中的香爐內。最後準備五張大圓桌，彷彿宴客似地在桌上擺了各式各樣的料理。

但是客人永遠不會出現。

這是理所當然的，因為這些豐盛的酒食並非款待人間的朋友，而是招待和燒剩的香柱一起帶回的一百具無緣鬼魂。

老人燒紙錢口裡唸著不明究理的咒文，連續數日持續著這種異色的款待。

老人本來是以占卜為生，自從施行這個做法後，每天帶著香灰，出外做生意。碰到顧客中有年輕女性便鎖定目標，會藉著勸誘對方飲茶，在茶水中混入這

些香灰。香灰裡附著著百姓公(無緣靈)的法力，喝下茶水的女性立即落入老人的圈套，事後老人的影像揮之不去，好像陷入相思的景況。慢慢地變成魂不守舍，於是主動闖入老人的家中。

因此老人的家裡彷彿度蜜月一般。年輕的少女們個個打扮得花枝招展，侍奉老人就像王侯貴族一樣。後來經過調查，似乎每天都過著淫蕩的生活。

借鬼兵術不僅可以欺騙美女的心，被施法者，無論男女都會變得神智不清，並不知不覺中把一切奉獻給施術者。例如，本來勤儉節約的人，一旦被施法也會衝動地傾出所有家財奉獻給施術者。

當法力消除時，對自己的作為只感到驚愕，這全都是被借鬼兵術所控制的百姓公們所作祟。

不久，一名年輕人的女朋友也陷入老人的魔掌，年輕人一再地告誡女友說：

「不要去那位形跡可疑的老人家裡。」

但是，中了法術的女友根本聽不進去。非但如此還反過來責問：

「你憑什麼說他是壞人。」

結果，在爭執中女友為了躲避年輕人，竟然躲藏在老人的家中。

這是借鬼兵術無可救藥的地方，中了法術的當事者根本毫無自覺，因此，即使別人再怎麼勸解也聽不進去。

總之，年輕人知道自己終究無法戰勝老人，經過幾番思索後決定向台灣著名通靈者盧勝彥（碰巧同姓，雙方並無關係）求助，他哀求盧先生挺身相助。

剛開始盧先生並不願插手干涉男女之間的問題，但是，考慮到對手是著名的符咒師，於是答應年輕人的要求。因為對手並非等閒之輩，而是使用邪術的狠毒符咒師。

盧先生知道老人曾到霧峰的百姓公廟為法術做過準備，因此立即前往該處。他直接走到香爐的地方，把爐內的香灰全部丟掉，換上全新的香灰。接著在神壇下搜索，發現了咒符燒毀的灰燼，於是也把它全部丟棄。

只動了這一點手腳，老人身邊的女孩子們突然個個如夢初醒，一一地離開老人的身邊。儘管老人再如何地祈求百姓公也無法得逞。老人知道法術被破後，便匆忙地搬家。

但是，也許是施術害人的因果吧！盧秋榮終於被受害女子的父母控訴，最後被警方逮捕了。這個案件在當時造成極大的轟動。

＊

以上是利用無主孤魂的招神將術（黑法術與此類似）的例子，事實上有不少人以類似的手法，利用法術圖利害人。

據新加坡的名新聞記者徐尹風（音譯）所言，在馬來西亞、新加坡一帶，有些稱為怪婆（一種通靈人）的女性符咒師為了施行這種法術，會在夜晚去盜取剛死的孩童屍體。他曾經在『Week-ender』（晚週報）的報紙上提到其中的情景，在此作一番介紹：

「她在三更半夜潛入墓地，挖掘剛死的兒童墳墓。從棺材竊取一些屍骨後，把屍骨暴露在風雨中七七、四十九天，再用臼磨成粉末，把粉末裝進小袋子裡隨身帶著。她相信這樣她就具有超能力。兒童的靈魂變成她的侍從，凡事都必須聽從她的命令。

怪婆會仔細地挑選兒童。莫非特定的年、月、日、時的孩子是不行。因此，

As a career newspaperman, Sit Yin Fong (born 1920) was the first Asian news editor of any English-language newspaper in Singapore and British Malaya. He headed the News Staff of the Singapore (Tiger) Standard (1952-1953).
Next he became the news editor of the Singapore-based Straits Times for 14 years (1957-1971).
On his way up, Sit also headed the News Desk of the Singapore Free Press (1954-1956).
It was during this time that he wrote the Week-Ender series in his spare time. This has since become *Tales of Chinatown*.

報導利用邪術的怪婆新聞的徐尹風

有時她會先向父母購買因病將要死亡的孩子。當然，並不是購買活生生的人，而是購買死後的權利。（「Week-ender報」一九五四年五月二十一日）

雖然這篇報導並沒有詳細介紹施法的內容，不過，只是竊取孩童的屍骨而沒有作法也於事無補。文中所提到的將屍骨暴露於風雨中七七、四十九天，指的就是修練，不過除了暴露屍骨外，還必須在自然的風雨中加入施術者獨特的修法。具體的修法大約和前面的盧秋榮一樣。

這些方法無論是其法力或使用方式都屬於黑法術，它暗示了一個重要事項，換句話說，姑且不論法術本身的好壞，但若不增加法力則無法產生法術的效果。對這類法術而言法力是相當重要的。

以法術而言，黑、白之間的差別，只是一線之隔。法術能夠成就施術者的熱切願望（應該說是慾望吧）它所隱藏的問題不是善惡就可劃分清楚的，追根究柢只能憑藉施法者的良心。

接著所介紹的訓練法當然是白法術系統的仙道法術，不過，依學習者的心態也可能變成黑法術。這點請各位務必注意。

驅使十二神的基礎法術修練法

本書所要介紹的招神將術是筆者所發明的十二神將術。

這純屬白法術，一概不使用無主鬼魂或兒童屍骨等黑色異物。這只不過是利用施術者的潛在意識，配合色彩印象而導引出法力罷了。

話雖如此，這亦僅是對修法與法力的本質而言，若在施行法術時有所居心不良，則本法也可能變成黑法術。施法完全在於使用者的心態，請在運用上務必憑藉良心。

那麼，接著就進入十二神意識訓練法。

十二神的意識法

①首先把附圖的遁甲冥想盤放在桌上。和護身武器一樣地把休門朝向北方，人則面對休門或景門而坐。

②接著進入意識的描繪。請看冥想盤外圍第二道圓圈。從天后開始一一地想像其含意並描繪穿著各自服裝的具體人像。意識的內容如下：

天后　主司男女愛情、性方面快樂之神，想像成穿著粉紅色衣裳、年輕貌美又性感的女性。

貴人　主司趣味、優雅生活方式的神，想像成穿著淺藍服裝、外表高貴、舉止優雅、外型纖細的美男子。

青龍　主司成功、晉昇之神，想像成穿著滾金邊的服裝，顯得高貴有權力型的中年男性。

六合　主司人或事物結合之神，想像成穿著暖色系的黃綠服裝，外型有點肥

六合

天后

勾陳

貴人

朱雀

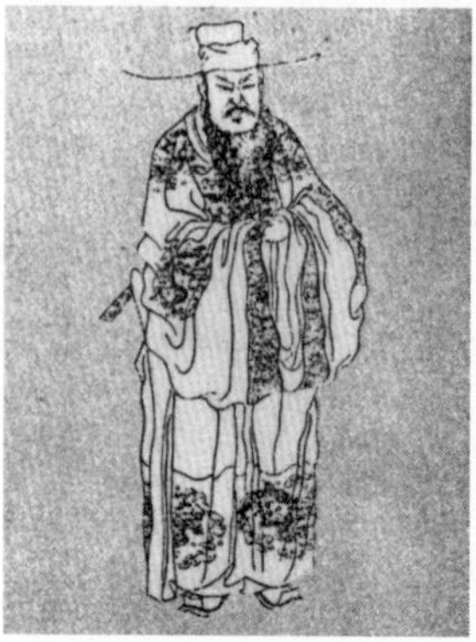

青龍

太陰

騰蛇

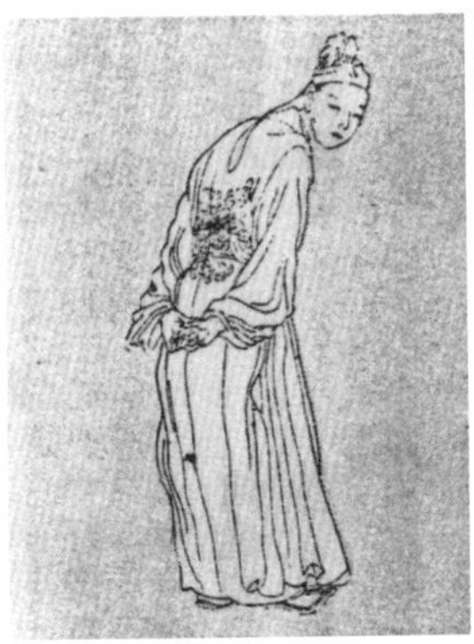

天空

太常

玄武

白虎

胖、個性溫和、親切的中年男性。

勾陳　主司位居幕後的實力、努力、忍耐等情操之神，想像成穿著樸素的深茶色服裝，即使被人愚弄也默默地耕耘的中年男性。

朱雀　主司學問或裁判上的智慧之神，想像成穿著鮮豔紅衣裳，顯得聰明伶俐的年輕男性。

騰蛇　主司糾紛之神，想像成穿著黑灰色冑甲，帶著一張不和悅的面孔，留著黑色髫鬚，外型粗野的中年男性。

太常　主司平凡之神，想像穿著淺茶色服裝，平凡而不特別，習慣於單調生活的中年婦人或男性。

白虎　主司武力或權威之神，想像穿著銀色盔甲或戰袍，留著漂亮髫鬚，顯得強壯而威嚴的武將。

太陰　主司清淨或清潔、潔癖等之神，想像成穿著純白服裝，顯得清靜感的三十歲左右之女性。

天空　主司空虛或虛無感之神，想像成穿著淺灰色衣服，散發著空虛氣質的年輕人，男、女都可。

玄武 主司策略或陰謀等機智之神，想像成穿著黑色服裝，擅長擬定計謀的中年男性軍師。

以上是十二神特性的簡介，其中青龍與白虎、朱雀與玄武對應，青龍和文官的升遷有關，白虎則關係到武官的晉昇問題，另外朱雀是主司表面的智慧（學術或訴訟），而玄武則主導背面的智慧（權謀術數）。

這四神在十二神中最重要，須與東西南北相對應。這就是所謂的「四神對應的原理」。

另外，也許有些讀者熟諳「六壬」占卜術，對上述或有異議，在此說明這二者的差別。

對不識六壬占卜者可以往前看下去。

六壬與十二神的差別

六壬是利用與子、丑、寅等的十二地支對應十二神的占卜術。時間或五行的生剋（生是有益於自己的作用，剋是有害於自己的作用）等，是非常重要的要素。

相對地，此處是把十二神的性格全部與法術上的秘訣對應。和時間五行的生剋毫無相關。因此，雖名為十二神卻毫無關聯，有關的只是基本性格與名稱而已。

另外，我的法術是重視四神對應，因此和六壬中的十二神配製法有所不同。最大的不同點是朱雀與騰蛇的位置互換。同時，四神的位置也各差一個方位。

乍看之下似乎是極大的變革，其實這也是事出無奈。因為即使是使用同樣的要素，然而六壬仍然是六壬，而法術終歸是法術。六壬占卜術的性格必須與十二支對應，而法術若沒有四神對應則無法產生效果。

如果硬要把二者統一，只會混淆雙方的法術體制。所以，重要的是使用時能產生多大的效果。

在此提供各位參考的是，我的四神對應與風水配合。因為是要利用法術中方位的力量。除此之外的八神只做為輔助而已。

希望各位在訓練十二神將術之時能注意到這一點。尤其學過六壬占卜術而拘泥於十二神的使用法者，更必須留意此點。

那麼，對十二神的印象有充分瞭解後，就進入下面的階段。

十二神的外貌與服裝

③十二神的外觀可以想像成是穿著古代中國服裝的人物，也可以想像成穿著古代希臘、羅馬寬鬆罩袍的人物。當然也可以想像成穿著現代服裝的人物。

重要的是，要使其形象清楚地浮現在心中。為了便於初學者的印象形成，本書在此僅截錄中國畫以供參考。

實際的做法是先朝向遁甲冥想盤進行冥想。

譬如，若冥想的對象是天后時，用肉眼仔細看天后的文字及其外框的部分。接著和武器的印象訓練一樣，閉著眼在心中想像該文字，然後再用肉眼看一次文字——連續反覆這樣的動作。

總而言之，必須反覆地練習到心中能清楚地浮現出整個冥想盤。

④其次做人物像的想像。利用附表的天后圖畫，先用肉眼仔細看，在心中想像用肉眼仔細看，想像如此地反覆動作。

當然，也可以利用比參考的圖畫更具風情而性感的圖畫。

不過，請避免毫無知性感的圖畫或照片。因為天后的形象充滿藝術的品味、深具教養，而且是能令男性愉悅的性感女性。請儘量尋找與此吻合的圖畫，其它諸神則依此要領來進行。

十二神的色彩意識法

⑤當可以描繪出形象後，接著進入色彩的想像。以天后為例，則利用附圖十二神色彩盤中的天后顏色，亦即粉紅色。

訓練方式是重疊在前面的意識法上。換言之若以天后為例，首先用肉眼仔細看色彩盤上的粉紅色，接著用③④的方式，在心中完全描繪出天后的形象時，再用粉紅色染上去。可以把臉及衣服全都染成粉紅色，也可以只染衣服。只要在於個人對那一種方式較能感覺到十二神的印象。

仔細觀察遁甲冥想盤後，閉上眼在心中反覆練習冥想盤的意識法。接著再進入十二神的意識法。

總而言之，必須反覆地做下列的練習。用肉眼看顏色，在心中想像染上顏色的十二神，再看一次顏色在心中想像一次顏色。當不必看任何東西，隨時也可在心中浮現有顏色的十二神像時，就可進入下面的訓練法。

十二神的呼叫法

這是十二神訓練法中最重要的部分。若不確實地練習，將完全無法理解後面十二神訓練法的應用，請務必用心地練習。

⑥首先，把遁甲冥想盤放在桌上，和做護身武器訓練法一樣，利用磁石使休門朝向北方。接著面對位於所要呼叫的十二

神相反方向而坐。舉例而言，若想呼叫天后則坐在其相反方向的騰蛇、太常側邊。

⑦接著從該位子仔細觀察遁甲冥想盤。一一確認各個文字及圖形的位置。

⑧然後閉上眼在心中想像遁甲冥想盤。修法到此階段並不困難，不過必須反覆數次地練習。用肉眼觀察，在心裡想像用肉眼觀察在心裡想像如此地反覆。

當然，能立即做好以上訓練，心中已經產生印象時，就可進入下面的階段。

⑨根據心中所想像的遁甲冥想盤，將意識集中至想要呼叫的十二神，若是天后則看天后的文字及其外框的部分。當然這是在閉目的狀態下進行。

⑩接著想像從該十二神的文字，亦即天后的文字部分朝空中飛射出粉紅色的球形光芒。

⑪當能想像粉紅色光芒出現在天后的文字上的狀態時，再想像這道光芒往直的方向延伸，最後變成橢圓形。

⑫橢圓的粉紅色光芒變成等身般大時，以扭曲光芒的感覺使之變形，漸漸變成人形，最後則變化成所想像的十二神形體，若想的是天后則變成天后的樣子。

這個意識法原則上希望在立體感中進行。

⑬呼叫十二神時，最好買數種香味較好的檀香，分別使用於十二神。這樣會產生更清楚的效果。

至於那種香味適合那位神將並不特定。因為每個人對十二神的印象並不一樣。只要選擇適合自己所想像的十二神和檀香即可。

以上是十二神法術的基本訓練部分。

若能依同樣的要領將十二神全部意識出來是最理想的。但是，初學者要達到這個地步，恐怕法力分散毫無可取。

因此，希望各位先選擇數個自己最中意的十二神，或對願望達成最吻合的十二神，做重點式地訓練，這才是真正運用十二神的秘訣。

驅使十二神的高級技巧

十二神的使用法有許多，在此為各位介紹其中最簡單又最實用的方法。

首先是，運用十二神隨心所欲操縱人（第三者）的方法。

這包括差使十二神到對方之處，依自己的意志操縱的方法，以及把十二神納入自己體內，利用其神通威壓或控制對方的方法。

先介紹隨心所欲的控制法。

讓十二神進入自己體內使對方遵從

①首先呈閉目的冥想狀態，利用意識力呼叫冥想盤上有所用途的神將。

②呼叫出神將時，告訴（在心中）神將自己的願望，指示神將飛向第三者。

③然後想像神將變成球體光芒飛向對方的住處，進入對方體內的情景。

過程只有這兩項，若能清楚地想像出十二神的形象，就能發揮相當的效果。

如果你想把這個技巧付諸實現，建議各位在日常生活中使用，以證明其效果並累積經驗。除此之外並沒有速成的方法。

其次是把十二神納入自己體內以控制對方的方法。

這有兩種做法。其一是命令十二神之一進入體內，以發揮神力。另一是不納入十二神，卻告訴十二神將本身的能力轉移到自己體內的方法。

不論哪一種方法都能達到目的，只是做法上有所不同，在此分別說明：

・讓十二神進入體內以發揮神通的方法

①首先利用呼叫法叫出十二神，當神將出現時，命令他進入體內以實現自己的願望。

②當神將進入體內時，你便會成為與他的形象神似的人。舉例而言，若是青龍你就帶有身為管理者的威嚴，若是白虎則具有武將的威壓。因此，別人在不知不覺中會對你產生畏懼感。

另外，這裡所謂的「命令」，在驅使十二神時非常重要。因為不是祈求而是命令，絕對不可以對等或晚輩的姿態面對十二神，否則反而會被十二神所支配。

總而言之，只要憑藉這個技巧，以後你在別人眼中將會漸漸地變成具有十二神特徵的人物。

・呼叫十二神使其神通轉移到體內的方法

①呼叫十二神的方式和上述的做法完全一樣。接著讓十二神站在自己面前，然後命令十二神把手伸到自己的額頭或頭上將其神力注入。

②不清楚這種感覺的人，可以利用下面的意識法。

首先想像神將們將手伸到自己額頭或頭上的情形。那隻手在離頭上數公分處停止，然後所呼叫的神將其特有光芒發射出來，漸漸流入體內，不久自己的身體被光芒所充滿。最後自己身體也發出那種光芒。

若能每天持續這種訓練法，令別人覺得你彷彿是具有十二神形象的人物。

事實上，這個技巧並非純屬意識法，因為能夠冥視的我們看到施行這種法術的人時，他的靈魂立即轉變成十二神的顏色。換言之，這已經變成某種靈的控制法。

以上是十二神的基本訓練法，再介紹十二神的驅使及應用。

在日常生活驅使十二神的應用技巧

接下來為各位介紹在日常生活中應用十二神的技巧。日常生活本身就可做為法術的訓練場，是一箭雙鵰的技巧。

方法各式各樣，首先從對人而言最為貼切的東西——金錢開始吧。

利用青龍與朱雀招財進寶

要招財進寶最有助益的是朱雀與青龍。他們都是負責財與祿的部分。

1朱雀

希望藉由投資以招財進寶者，務必驅使這位神將。想利用智慧增加財富時就利用朱雀神，當然，只是想增加財運的人也可使用。意識法技巧如下：

①呼叫朱雀神進入自己體內，或在冥想時、夢中呼叫朱雀神，請教其增加財富的秘訣。

②上述的方法辦不到的人，只要命令朱雀神將好財運帶來也能產生效果。

2青龍

驅使青龍就有出人頭地的運勢。會獲得上司的賞識而出人頭地、成功，身上財富便多。在財運方面是採取間接的方法，最適於上班族類，藉由地位確保金錢收入者使用。意識法比照前述的朱雀。

除了上述二神外，可運用於招財進寶還有下面諸神。其意識法也比照朱雀。

3玄武

這位神將適用於在幕後經營或運用策略以招財進寶時。同樣是以腦力賺錢，不過，較適合動歪腦筋賺錢的狀況。

由於是在背後炒作，與其他方法所獲得的金錢都較大。不過，不事後善加處理，很可能捲入糾紛，請務必注意。

4貴人

貴人是根據人性魅力或優雅的氣氛來營造錢財入門狀態的神將。簡言之，有音樂造詣或擅長運動等，在興趣、才藝上有專精者最適合使用。

當然，即使是一般人，若能潛心修練也能提高財運或突然得到遺產，有僥倖之惠。

5六合

是製造良好的人際關係，吸引財運的方法。適合從事推銷、服務業者的神將。利用他的人和力，使人聚集前來掏出腰包再離去。

◆**景門**　沒有具體的方法或手段卻想要獲得金錢的人，便不能用十二神要用八門中的景門。

不過，在金額的數量與成功率方面無法與十二神相比。其具體的訓練法將在第二章解說。

利用太陰與白虎可以使人健康

接著來談談和財運同樣重要的健康運用法。這可區分為內科和外科兩項。

・內科方面的健康

掌管內科方面的健康是十二神中的太陰。驅使方法如下：

①首先利用意識法召喚太陰。方式完全依照基本訓練法，然後再進入獨特的技巧。

②當太陰伸手指向空中時，會出現白色閃亮的球體光芒。

③太陰會把光球遞給你，你接下光球一口吞進去。

④白色閃亮的光芒透過喉嚨進到胃裡，發出強烈的光芒，使全身光輝燦爛。

上述動作當然是利用意識法。

若是不清楚部位的疾病，只要讓胃部發光就足夠了。每天持續胃部發光的意識法，不知不覺中身體就會恢復健康。

若知道生病的具體部位，譬如肝臟不好時，就把白色光芒送到肝臟使其發亮。總而言之，只要把閃亮的白球送到患病的臟器就能使之治癒。另外，年長者或久病不癒的人，則把白球送到腎臟的部位。

驅使太陰時，可以只做發出亮光的白球意識法。不過，儘可能讓十二神出現在實際的空間中（若能產生後述的空間裡更好），直接用自己的手接過球吞進肚裡效果更好。每天持續這個意識法，直到病情好轉或完全恢復。

還有另一種驅使太陰的技巧，這個技巧中不利用白球，而是從手中發射白色光芒傳達到患部的方法。亦即所謂十二神式的手掌療法。

要領很簡單，只要讓太陰出現在眼前，讓太陰朝自己伸出手掌，讓其手中散發的白光傳達到患部。每天持續這個意識法十五到三十分鐘左右，身體會顯著的逐漸康復。

另外，顯得無精打彩、老是提不起勁的人。最好捨太陰而用八門。若只是單純的氣虛則使用生門，利用意識法進入生門，每天用全身接納或吸收生門的氣。

身體極度衰弱，利用生門無法產生效果的人，就想像景門而進入其內。首先吸收紅氣，接著再吸收由太空的太陽所散發的黃金之氣。

吸收的方式可以用全身或口吸入（這個技巧請參照次章的說明）。

・外科方面的技巧

①準備實際的針，但並非要真的用針治療，因此不一定用針灸的針。

②接著用意識法召喚白虎。告訴白虎自己染患何種疾病，命令他替你運針。

③接下來白虎會依令行事，只要任由他去便可。

若想獲得更大的效果，請自己記得能產生效果的經穴，命令白虎在該處運針。這不僅可以療病，想增加元氣時也可使用。

另外，實際上要接受外科手術的人可以召喚白虎請求協助，一定可以獲得很好的效果。

利用天后、貴人增加桃花運

這個方法在中國稱為「男女（運）」。方法有男女之別。

・男性用的技巧

①男性若想走桃花運就找天后，差使天后到對方住處，讓她帶領對方到自己的住處。

當然這是指有特定對象的情況。若施行順利就能產生愛情。另外，單相思或兩地相思亦適用。

②讓天后進入到自己體內。這時你會散發出女性的感覺，因而能相當清楚地理解女方的情緒。同時，由於含有女性的柔和氣氛，對方會主動來要求做朋友。

不過，由於多半不會產生愛戀的感覺，因此，在保持朋友關係一段時間之後，必須引導對方進入情侶關係。沒有具體對象的男性，運用這個技巧，女性的朋友自然應運而生。以後在戀愛方面的成就便不是夢想了。

③引貴人進入自己體內亦可招來桃花運。不過，做這個技巧時會變得有點花

花公子的味道。因此，若不強調優雅的品格，惟恐只能交到輕浮的女性。若想和眾多女性交往時，也可運用這個技巧。

當然，依對象的不同有時也必須改變應用的技巧，這時就要利用下面所述的十二神。

◎若想予人聰明的印象，就驅使朱雀。或當對方女性喜歡聰明的男性時，就運用朱雀。

◎若想予人容易相處的印象，就驅使六合。不論男女若想和任何人做朋友時，就使用六合。

◎若渴望清純式的戀愛，就使用太陰。對方若是純潔的女性，喜歡柏拉圖式交往的女性，使用太陰會一帆風順。

以上所述，依對象、目地的不同而選擇性地使用十二神。另外若想擊退情敵，則召喚騰蛇、天空，差使祂們飛向對方就能將之擊退。

・女性用的技巧

①女性一般都使用天后。召喚天后引進自己身體時會使自己顯得深具魅力。

不過有缺點是由於過份強調性感的一面，很容易造成性方面的問題。如果認為這並無所謂的人，當然最適合這個方法。

②亦可使用貴人的方法。這是召喚貴人，命令祂直接把對方拉到自己身邊。這個技巧和天后不同，比較不會造成性方面的問題。

不過，不可把貴人引入自己體內。因為會變成男性化而限制交往的對象。除了天后與貴人之外，亦可使用下列十二神。

◎若想使自己顯得美麗、變得漂亮就使用朱雀。使用朱雀時會使自己變成男人矚目的焦點。

不過，由於朱雀所具有的理性非常突出，多少顯得有稜有角。話雖如此，這倒很適合女強人型卻又想要在男人圈中受寵的女性。

◎此外，使用太陰時會使自己散發出清純感。可是，由於欠缺性感只能在特定的男性中受到歡迎。不過，這倒適合渴望有清純交往的女性。

另外，已經結婚者可以使用太常。不僅可以使自己看起來是好太太，也能提高做料理的手藝。若是有既定男友者，也會讓自己顯得具有賢妻良母的氣質。

將能發揮極致的十二神實用法

接下來介紹啟發各種能力的方法。這可以輕易啟發潛在能力或實現自我的技巧。

使頭腦清晰的朱雀

若想使腦筋變得聰明，可驅使朱雀，效果極高其要領如下：

①首先利用意識法召喚朱雀。接著讓朱雀進入自己體內，光是如此便可讓腦筋變得靈活。所學的東西能清晰地烙印在腦中。但是，不認真學習的人不可能達到效果。若沒有實際的努力，再怎麼好的法術也無法使腦筋轉好。

②能在夢中與十二神說話的人，可在夢中召喚朱雀請教其用功的要領。越具體的詢問越有具體的答案。

③若想在考試獲得好成績，基本上使用朱雀就足夠了。不過，如競爭對手的實力與自己相當時，效果並不顯著。這時必須使用玄武，利用玄武能使你知己知

彼，並懂得利用技巧的方法，而使你在勁敵環視的競爭中也能脫穎而出而獲得好成績。做法上同樣地也是招喚玄武進入自己體內。

④若有多位勁敵又不知要先擊退哪位對自己比較有利時，就召喚騰蛇、天空。雖然手段並不太高明，不過，會令對方於緊要關頭時出現差錯，使其失去信心而導致失敗。

使用法是在遁甲冥想盤上召喚騰蛇、天空，差使祂們飛向目標。

朱雀的閃亮紅球可使腦筋聰明

下決心努力用功卻仍無法崢嶸頭角時，光憑上述的方法很難達到效果。因此，必須應用下列的技巧：

①用意識法召喚朱雀，接著想像朱雀從兩手間散發出紅色氣體，反覆練氣的樣子。

②不久這些氣體變成有黏性，最後變成泛發金色光芒的紅球。

③朱雀把球體交給你，你接過來後吞進肚裡。

④紅球穿過喉嚨進入胃後，隨即往腦部上升，進入腦部時便散發出紅色與金黃色的光芒，閃閃發亮……。

持續進行上述的意識訓練法，每天不斷地練習，你會感到腦筋有越來越靈光的趨勢。另外，也可以想像朱雀用手直接把球體塞進你腦中的意識法。

貴人有提高興趣、藝術方面才能的神通

既然有使人能聰明的法術，附帶地也介紹一下提高藝術才能的技巧。這有助於使自己變成具有各種才藝的人，有興趣者務必試試看。

藝術才能中包括音樂、繪畫或戲劇等。我想各位都已明白，在這方面有專長的人，很明顯地都有高人一等的氣質。

方法是召喚貴人進入自己體內，自然而然地對才藝方面的興趣就產生了，接著只要憑感覺全身投入，這樣自然會有所收穫。

即使是女性也可使用貴人。不過，若是想從事戲劇、舞蹈、芭蕾舞或必須有女性特有的氣質時，則召喚天后。這不但可以發揮女性特有的魅力，還能啟發隱

藏的才能。

另外，想啟發天體觀測、占卜、宗教方面能力的人，則使用太陰。這時在夢中或冥想中召喚太陰，直接向太陰請教。

若想提高運動能力則使用勾陳與白虎

對運動最有助益的是勾陳。尤其是田徑、游泳、登山等需要持久力的項目最為適合。

方法和前面一樣，只要召喚勾陳進入自己體內即可。

若是摔角、拳擊、空手道或足球等需要鬥爭性質的場合，就使用白虎。可以讓白虎進入自己體內，也可以差使白虎到勁敵處給予精神上的打擊。

・白虎發揮神通的例子

在此介紹一個有關這方面的例子。

跟我學習這種法術的人當中，有一名叫做尾上的和尚。在十二神當中他尤其喜歡白虎。

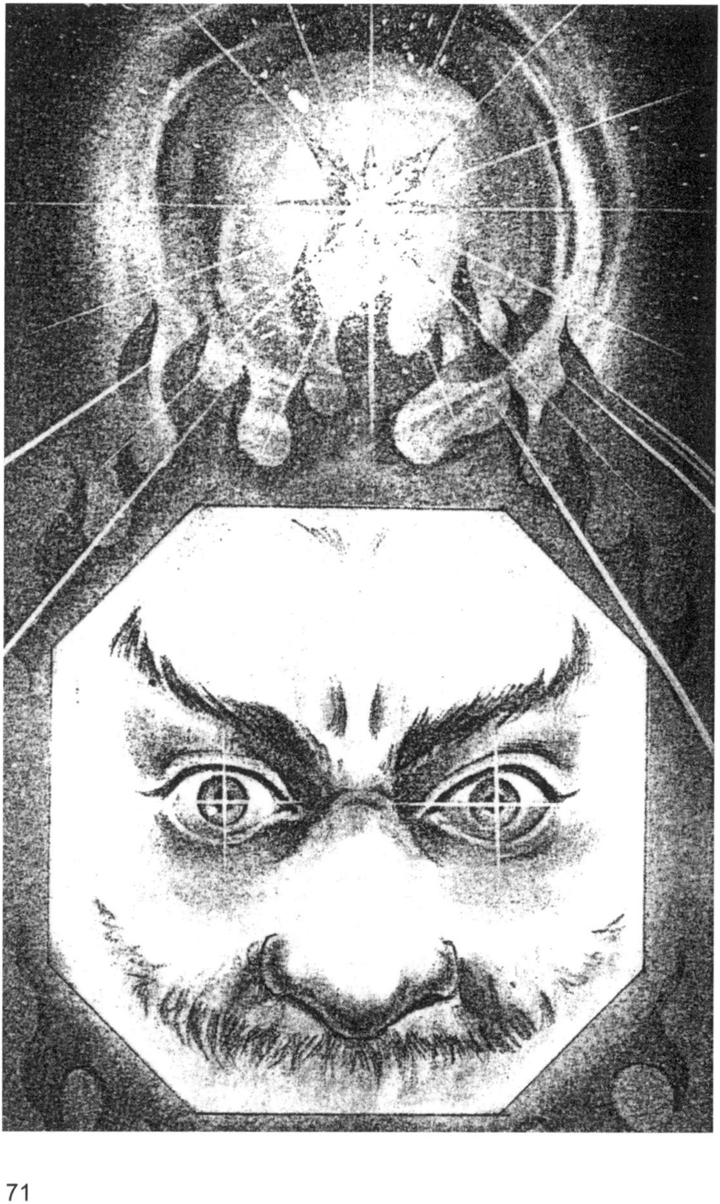

也許是他本身練習合氣道、劍道、中國武術等各式武藝的關係。

有一次，我為他召喚白虎出現，這時竟然發生令人驚訝的現象。

我讓他坐在遁甲布盤（此遁甲冥想盤大些）的前面，我的雙手做獨特的手印，利用意識法向虛空不停地召喚白虎。不久，看到一個與人形體一般大的氣團。在場的每個人都清楚地看見。

就在這瞬間隨著一聲喊叫，尾上先生彷彿被什麼東西撞到一般往後跳出兩公尺以上，然後滾倒在地。而我們根本沒有對他做了什麼。

由於事出突然令人訝異，大家跑到他的旁邊詢問他到底是怎麼回事。他楞了一陣子，喘口氣後才說：

「我坐著的時候，看見白虎神出現在眼前的遁甲布上，那是穿著甲冑的中國武將。白虎向我靠近，然後撲向前來，因為力道過猛，我就被彈到後面去了。」

我記得很清楚，當時我根本沒有施行任何法術，尾上卻彷彿被氣功彈射出去一般，飛出數公尺。在場的人大多被嚇得目瞪口呆，同時也親眼印證了十二神的神通。

操縱人際關係的十二神商場交涉術

以上所介紹的讀書、運動、才藝等都是較適合學生的主題，接下來就談談兩個較適用於社會人士的法術。

首先是應用十二神的交涉術，這是從商者不可或缺的技巧。

1 六合

這是為了使雙方氣氛融洽、促進人際關係時所使用。若驅使六合進行交涉時，會覺得和任何人都能相處融洽。

有一位從事建築業名叫祝井的人。每次交涉時都召喚六合神。據他所言，一旦內心想像六合神時，就能和對方在一團和氣的氣氛下進行交涉。

做法非常簡單，只要在冥想時經常想像六合神，若想使效果更顯著，可在進行交涉前召喚六合神，令其進入自己體內。如果交涉對象是特定人時也可差使祂前往對方之處。

任何交涉的場面基本上六合就夠了，不過，隨著時間與場合的不同，也可運用下列的諸神。

2 青龍

就是使用於想要掌握交涉主導權的情況。使用青龍時會令對方感到壓迫感而難以拒絕施術者的要求。不過，有時也會招惹對方的反抗，因此，最好配合時間、地點而與六合分開使用。

要領是先以六合製造融洽氣氛，在交涉進行到重點時則轉換成青龍。對方會受鎮於青龍壓力的脅迫而落入你的掌握中。

使用法是在冥想盤上召喚青龍，使之進入自己體內或差遣祂到對方住處，如果途中要與六合替換時，就趁對方思考之際，在內心想像六合。

3 朱雀

想利用詭辯、智力使對方落入自己掌握時，就使用朱雀。主要是運用在想藉由促銷術、說服力進行交涉的情況。

使用法是在交涉前召喚朱雀進入自己的體內。不過，沈默寡言者或不擅長說話的人最好不要使用。因為有可能因用詞不當而激怒對方。這種人應該使用前項的青龍，或接著要介紹的玄武。

4玄武

乃是使用於利用謀略、圈套使對方落入圈套的情況。

當然這裡所說的謀略、圈套並不是要欺騙對方，而是事先洞察對方的心態，將計就計或引對方入甕，再誘導其進入自己掌握中。

使用玄武時要依下列的做法：

①每天在冥想中想像玄武。光是這個訓練就能使自己具備上述的才能。

②在必要時才召喚玄武，命令其掌管交涉事宜的方法。利用這個方法時並不必多費心思，玄武也能主動出擊，而讓你覺得對方是親自落入你的掌握中。

5騰蛇、天空

碰到在交涉場合不願讓勁敵獲得成功時，就召喚天空或騰蛇飛往對方或交涉的對象。如此一來，勁敵所交涉的事一定不會成功。使人成功或許並不簡單，但要人失敗卻非常容易，可以試試看。

利用十二神使目前的職業獲致成功的方法

最後要介紹的是如何利用十二神，使各位所從事的職業或可能從事的職業成功的方法。

影視明星、音樂家、畫家、服務業（男）

從事這些行業者請使用貴人，在服務業合中最為恰當的是陪酒接客的行業。

服務業（女）、影視明星（女）、美容師

使用天后。服務業方面和男性同。另外，對女音樂家或畫家也有效果。

事業家、經營者

使用青龍。銀行業者或公務人員使用青龍也可招來平步青雲之運。另外，對從事珠寶業者成功的機率更大。不過，一般的上班族最好不要使用。因為只會凸顯氣勢凌人的態度而惹人討厭。最好是已經有某種程度的成就後再使用。

郵局員工、從事通信、新聞從業員、推銷業、製造業、待客業

這些業者，只要使用六合便不會發生問題。

體力勞動者、製圖技師、倉庫管理

勾陳最適合。

腦力勞動者、學者、教師、作者、司法人員

使用朱雀，另外，想運用理財頭腦以招財進寶者也可以使用朱雀。

警官、法警、守衛

這種行業的人使用騰蛇。一般而言，騰蛇是糾紛的象徵，但是這些人使用他反而能夠處理糾紛。

與衣、食、住相關者

太常最好。太常一般是女性所用的十二神。不過，有關這方面的職業對男性也相當重要。譬如料理店、餐廳、服飾店、飯店從業人員等。當然，主婦若使用太常會變成賢妻良母。

警官、軍官、外科醫生、駕駛員

使用白虎尤其是警官或與軍事相關時，會有極大的成就。不過，因為責任變重反而變得不輕鬆。武術家等使用白虎也能成功。

宗教家、占卜師、內科醫生、護士、藥劑師

使用太陰。太陰對天文學家或氣象員等從事有關天候的人也有助益。

上班族、幫傭

使用天空。天空一詞並無空虛的意味。使用天空就不必再吃苦受累。要想愉快地生活的人最好使用天空。

另外，上班族除了天空之外還有許多選擇。重視興趣勝過出人頭地的人使用貴人，腳踏實地、吃苦耐勞、做事認真的人，則使用勾陳、太常。

軍人、守衛、偵探

這種行業的人使用玄武。另外，這裡所指的軍人是一般的士兵或士官。前項的玄武則是軍官。

以上是適合各種行業的十二神。不過，其作法的要領完全一樣。只要召喚十二神進入自己體內。或每天冥想時做意識訓練法。隨著意識的鮮明化，這些十二神一定會讓你在工作中獲得成功。

第二章

隱身在謎樣的空間、往來於奇妙世界的仙人術

隱身術與入異境術

隱身術是仙道術中的代表性法術之一種，這是使形體消失的奇術。當然這裡所謂的使形體消失和日本忍術的五遁術不一樣，是具有魔術性的色彩。譬如源於唐代傳奇小說《河東記》中的「胡媚兒」的情況：

唐朝貞元年間。在揚州有一妓術丐乞者。此人不知來自何方，自稱是胡媚兒。此人常有驚人之舉，因此他的周遭常聚集許多人。

有一次他不知又再變什麼把戲，他要求別人將銅幣放進玻璃瓶內（唐朝已經由西域傳來玻璃器的製造技術），就會永遠得到幸福。

該瓶口非常小，根本無法塞進銅幣。

後來有一名醉客掏出一枚銅幣放至瓶口時，那枚銅幣立刻被吸進瓶內，並在瓶底閃閃發亮，形體卻越變越小，最後變得像豆粒一般大，進而消失了。在旁圍觀的群眾為這個神奇的現象拍案叫絕。大家覺得有趣，紛紛把銅幣塞進瓶內。而每次都是同樣的結果。

其中有一名男子問說：

「若將這個瓶子裝滿了錢會怎樣？難道也會消失嗎？」

胡媚兒回答：「是。」

另外一名男子聞此言立即說：「那麼我們就試試看吧！」

於是拿出一百個銅幣。銅幣一一被吸進瓶內，彷彿星星般閃閃發光。銅幣越來越小，最後也全消失了。

不論是放一千個銅幣或一萬個銅幣結果都一樣，銅幣最後都閃閃發亮越來越小而消逝無蹤。

有一天，一名男子牽著一隻驢子過來說：「那麼把驢子放進去看結果會怎樣。」胡媚兒把瓶口朝向驢子，驢子隨即被吸入瓶內，在瓶中掙扎不已，不久也像銅幣般地消失了。

這時，碰巧徵稅官押了數台滿載裝滿稅捐貨物的馬車通過，從頭到尾看到這件事的過程。於是向胡媚兒說：

「太精彩了！那麼能不能將這些馬車及車夫放進去？」

胡媚兒說可以。徵稅官於是說要試試看。

因此，胡媚兒把瓶口朝向前面的馬車，馬車和車夫全被吸入瓶內。當所有的馬車被吸入瓶中，在瓶中來回地旋轉並發出悅耳的鈴聲，不久後也全部消失了。

觀眾個個看得目瞪口呆、一楞一楞的。

過了好一回兒，徵稅官說：

「太精彩了！好了，請把馬車還我吧！」

胡媚兒回答說：「這辦不到。」

徵稅官聞言大怒，雙方爭執一會兒，後徵稅官拔起腰間的配劍咆哮著：

「不還我就殺了你！」

隨即朝胡媚兒砍過去。

而胡媚兒也眼明手快地將瓶口朝向自己隨即進入瓶中。徵稅官一慌趕忙抓起瓶子摔在地上，但是瓶子雖然摔得粉碎，人卻不見了蹤影。

一個月後，據說有人在清河的北方，看見胡媚兒率領落入瓶內的馬車往東平的方向離去。

這是描述唐朝故事的《胡媚兒》中所描述的隱身術的例子。故事中提到使用玻璃瓶的道具，其實使用這個法術時並不需要任何道具。這點從下面的故事就可明白。

＊

有一位叫做孫博的仙人，是河東（位於山西省）的人。他擅長水、火的制御數術，也非常熟悉隱身術。

令人驚訝的是，他可以自由地潛入山中的岩壁，或地上的石頭。當他潛入時身體會慢慢地溶化，最後只剩下背部及雙耳。不久全身就不見了。（中略）

對他而言，在牆壁間出入簡直易如反掌，彷彿壁上有洞穴一般。

不鑽研仙道則無法進入岩石內的奇異世界

經由前述的例子，各位對隱身術應該已經有所瞭解，現在我們就進人隱身後的另一個世界。換句話說就是入異境術的例子。

這個法術和隱身術成對，隱身術是從這個世界進入另一個世界，而入異境術是以進入另一個世界為對象。

在此，先舉兩、三個代表性的故事來談入異境術。

第一個例子是，人可從拳頭大的酒壺口進入壺內，而裡面的世界竟然是彷彿宮殿般的府邸。

從前在汝南的地方住著一位叫費長房的官差。他的職位相當於現在的市政府公務員，過著平靜的生活。

有一天他到一家酒坊的二樓小飲，樓下街上剛好是市集，相當熱鬧。賣東西的人、買東西的人夾雜在一起，到處是你推我擠的狀況。

費長房不經意地看見一位老人家挑著扁擔，扁擔上掛著一個破舊的酒壺，走進熱鬧的市集內。

老人坐在市集的角落，從壺中掏出一些藥草排在腳跟前便賣了起來。

經過了一段時間，熱鬧的市集歸於平靜了。

但是費長房定眼一看，那位老人做完生意後隨即一溜煙地鑽進酒壺中。

水壺大約只能容納一公升水的大小，在怎麼眼花也不可能看見一個人鑽進去。更奇怪的是，雖然市集已經散了，馬路上依舊是有許多人，但是卻沒有人注意到這幅光景。

費長房心想，難道是自己酒醉了，於是慌忙地走到老人消失的酒壺旁，目不轉睛地審視。

就在這時令人驚訝的是，老人突然從壺口出現對著費長房說：

「你似乎頗有仙緣，別人都看不見的光景你卻看見了。這樣吧，明天你再到這裡來，我告訴你原因吧！」

說完後又消失在壺內。

隔天，費長房到同樣的地點時，老人正笑盈盈地在那裡等他。然後老人拉著費長房的手走到酒壺邊。

結果發生了什麼事？令人不可思議地，費長房的身體彷佛輕煙般地消失，和老人一起從壺口被吸入壺內。

當他回過神來時，眼前所見的是富麗堂皇的宮殿，處處傳來優雅的音樂。

當老人說：「我回來了」時，數名男僕打扮的男子出來迎接二人，並帶領二人進入裡面的客房。在客房中已經準備了各式佳餚，穿著華麗、年輕貌美的少女們正恭迎二位的到來。

費長房對這桌美酒佳餚讚嘆不已時，老人就說出了自己的經歷。

「我本來是仙界的官差，因犯了一點過失被貶到凡間。但是，現在罪也贖完了，不久又可回到仙界。我看你頗有仙緣，怎樣？要不要和我一同修行仙道？

（東晉・葛洪著《神仙傳》中「壺公與費長房」篇）

＊

以下省略，費長房和壺公（前述的老人）踏上仙道修行的旅途，但是卻在最後關頭失敗了。於是搭乘青竹返家。

這段故事中壺公所持的酒壺，似乎隱藏著玄機。其實這和胡媚兒的玻璃瓶一樣，只不過是障眼法罷了。即使不使用這些道具，仙人們也可輕易地使出入異境術。

接著再來看兩個入異境術的例子。首先是出現在葛洪的《神仙傳》中，稱為太玄女的女仙人故事。

費長房在神奇老人的帶領下進入壺中世界。壺裡是富麗堂皇的宮殿。費長房受到優渥的款待……。諸如這般，入異境術會使人進入不可思議的另一個世界。

太玄女，姓顓名和，自幼喪父，有一天，占卜師對著她們母女說：「妳倆恐怕都無法長壽。」聽到這話的太玄女頗為無奈，認為只有矢志於仙道才會長壽，因而熱衷於學習王子喬的道術。

總算皇天不負苦心人，她終於學會了遇水不濕、遇寒不冷，且能持續數日隨意控制體溫的法術。

從那時起，她就有了超能力，譬如她只用一根指頭便可任意地使建築物或街道消失。普通人辦不到的事，她卻能憑著意識的集中遙手一指，而使所指的對象立即消失。然後再一指該對象又回復原狀。

即使門或金庫上了層層枷鎖也無濟於事。她只要用手一指，門就發出「吱——」的聲音，而自動打開。（中略）

這位太玄女經常率弟子遊山，並常常於日落後還不歸。此時她會用手中的拐杖隨處敲打路旁的大石頭。不可思議地，被敲打的石塊會彷彿自動門一樣緩緩地打開。當大家探頭一看時，裡面竟然是一間富麗的房間。裡頭有桌子、椅子、睡舖、廚房，應有盡有。非但如此還準備了酒食。

因為這個緣故，太玄女和弟子們可以安然地度過一夜。

在山中落腳時經常是這個樣子，一點也不拘泥場所，只要隨處找一塊大石頭，用拐杖一敲，石頭就自動打開門，便可度過一夜。

＊

從這個例子我們可以明白，對仙人而言，任何場所都是通往異境的入口。

另外也有這類的故事。是比太玄女的入異境術更為艱深的法術。裡面詳細記載著何等人物，如何地進入奇妙世界的始末。

在紀元前八世紀左右的周代，有一位名叫匡續的仙人。他自幼即立志於仙人之道，四處尋訪名師。最後跟隨老子追求仙道。

他在南樟山的龍溪蓋了一間草庵，屋內四壁蕭條，只有一張臥鋪和五六冊道書（記述仙道之書）。這是其為了窮究仙道的隱居處，當然沒有人前來拜訪。

但是，有一天來了一位少年對他尊敬有加，後來少年每天都來向他請安。有一天，匡仙人覺得過意不去，於是問少年說：

「公子的舉止、談吐非常優雅高貴，不知是何方人氏，怎麼稱呼？看來不像是這山裡的人吧！」

少年回答說：

「我姓劉，就住在這座山的左側。其實我是想邀約先生到寒舍，才每天到此拜訪。如果您願意的話，在這個山腰處有一塊兩丈高的石頭，請到那兒在石塊上敲打幾聲，我會立即出來迎接。」

說完後那少年就消失了。

匡仙人心想這事必有蹊蹺，隔天便走到左側山腰處，果然看見一顆兩丈高的大石頭。不過，周圍全是蔓藤、野草，根本沒有人家。

匡仙人心想，亂作揣測也於事無補，於是在大石上敲打數下。大石頭突然往側邊移動，然後出現了一扇宏偉的朱門，同時從裏面走出一名小童，帶領匡仙人進入門內。

他走進門後，裡面擺設相當豪華，有寶石鑲成的樑柱、壁面，和金、銀、玉所做成的器具。同時還有罕見的各種動物及鳥類，以及各類的花卉。

往前走約五、六十步，來到一間華麗的房間。房裡坐著一位高貴，彷彿是主人的人。仔細一看不正是那位少年嗎？

少年走向匡仙人，帶領他坐進酒席中，酒席上擺著山中無法享受到的佳餚。款待持續了數天，身為求道者的匡仙人，卻越來越坐立難安。於是告訴少年，表明想要離去的意願。結果少年暗示地說：

「匡先生，您還在求道之中，應該無所謂。不過，很遺憾的是，除非先生持續追求仙道，否則便無法再到這裡來了。」

匡仙人在少年的歡送下走出大門時，大石隨即關閉。四處又回復到原來蕭條的景色。

後來匡仙人又數次造訪這塊大石，但是，平凡無奇的岩石任憑你如何地敲打，再也不為所動。

後來匡仙人四處流浪，直到遇見老子窮究仙道的奧秘後，再次造訪大石頭，結果石頭像第一次時一樣地打開了。當他走進裡面，石頭隨即關閉。從此以後再也沒有人看見過匡仙人了。

＊

這段故事的最後部分，亦即少年所說的「不過，很遺憾的是，除非先生持續追求仙道，否則便無法再到這裡來了。」這段話是這個法術的重點。

換言之，若與窮究仙道的術士在一起，即使法術尚未成熟，也能進入異境的世界（如費長房的例子），但是，若想單獨進入，則在還未習得仙道奧秘時是不可能的。

不過，這並非單指技巧本身。法術的技巧雖然重要，但人的精神階段（深度）也不可忽視。

掌握八門遁甲的冥想意識法

至此各位應該已經相當瞭解所謂仙道法術神奇之處吧！這也正是修法的成果。有志於仙道的讀者務必謹記在心，潛心修練。

至於這個法術在我的仙道術中是使用遁甲冥想盤中的下列要素：

方法之一是使用護身武器下所描繪的八門，稱為八門遁甲冥想。另一個方法是使用十二神下被稱為九星（由點、線所呈現奇妙記號的部分）的領域，稱為遁

甲九星冥想。

九星的應用範圍較廣（除仙道外亦可應用於他處），不過，訓練較容易而效果較迅速的是八門，尤其是獨學者或初學者還可培養仙道法術的基本能力，所以較適合八門的訓練法。

當然，如果想習得仙道法術的奧秘（亦即比隱身術更高的階段）則必須兩者兼備。

在此首先介紹八門之法，習慣之後再來談九星之術。

遁甲分為術遁甲與法遁甲兩種

八門是遁甲冥想盤中的名稱部分。遁甲這名稱是來自八門遁甲或奇門遁甲。其含意有各種解說，不一而足。但是以占卜而言，是表示讓甲尊（天干地支的甲）逃脫的意思。而要從何處逃脫呢？簡言之是從五行的金，亦即與五行的生剋（金剋木）有關。所謂剋乃是指有害自己的作用，所謂生是指有益自己的作用。其實，遁甲一詞含意非常廣，在此僅作為隱身術的別稱。

遁甲又可分為術遁甲及法遁甲。所謂術遁甲是指做為占卜的遁甲，譬如方位學的遁甲（九星是其中一部分）；而所謂的法遁甲別名又叫隱身遁甲，是指消形滅蹤中的遁甲，換言之是使用於法術的遁甲。

有關這一點，文獻上分為兩個系統，譬如，《奇門遁甲全書》《活盤奇門遁甲》《奇門遁甲天地書》等書籍是占卜類，亦即術遁甲系統，而《通玄變化六陰洞微遁甲真經》等是符咒，亦即屬於法遁甲。

其實，若仔細考察並沒有這麼嚴密的劃分。在三國時代，雖然當時只留存術遁甲之書，但諸葛孔明卻能頻頻地使用法遁甲之術，而在著名的《三國演義》中留下了數個實例，有興趣者可自行參閱。

本書所介紹的當然是法遁甲。不過，為了避免複雜，有關須運用符咒方面的方法一概不予採用。因此，和《遁甲真經》的作法也有不同。這一點請讀者諒解。

我的方法是把易（其實遁甲也是由易延伸而來）與風水應用在法術上。因此，比《遁甲真經》的內容更容易瞭解，而有完整的體系。因為只要強化氣的力道與進行色彩意識法就可以了。

另外，術遁甲與法遁甲各要素所具有的象意（各所代表的意思）雖然共通，但在運用法上卻有不同。請不要混為一談。

有些人會帶術遁甲（占卜術）的遁甲盤來詢問該如何使用法遁甲（法術），這種誤解則太離譜了。因為這兩者的要素雖然一樣，內容卻完全迥異。希望讀者能認清這些差別再進行法術訓練。

八門的認識

那麼，現在就介紹八門的冥想。由八門一詞就能明白其中包括八個要素。所謂八門是指休門、生門、傷門、杜門、景門、死門、驚門、開門等八門，和術遁甲（占卜的遁甲）的名稱、象意完全相同。

茲就各個門的意義與使用法介紹如下：

・休門（靜態的冥想、鬆弛的空間）

為了做鬆弛或靜態冥想的修行所使用的空間。和瑜伽或禪等靜態冥想相同。

同時，若因壓力而感到精神、肉體疲倦者，進入此門就能產生鬆弛的效果。

・生門（精力產生的空間）

這是鍛鍊氣勢的空間。適合像仙道的修行一樣，必須有強大氣勢的訓練。除了仙道外，若具有類示目的的訓練也可使用。同時，疲倦或氣力不足的人進入此門會立刻回復元氣。

・傷門（戰鬥性的咒術空間）

戰鬥性的咒術，亦即訓練密教所謂調伏的空間。

・杜門（超越形象的空間）

杜門的說明較困難，總之，是與神祕莫測事物遇會的空間，或磨練智慧以理解在超越一般思考、形態的狀況下，一切所隱藏的祕密或事物的空間。

・景門（實用的智慧與財的空間）

提高實用性智慧，獲致招財進寶能力的空間。

・死門（認識死的本質的空間）

為掌握死的本質的空間。不過，和靈無關。肉體的死、事物的結束一切化為烏有……是為了認識物理性含意的死的空間。

・驚門(面對心中恐懼部分的空間)

這是為了訓練克服不安、恐懼的空間。靈的一切全和驚門有關。總之,是和人無意識中朦朦朧朧的領域有極大的關係。

・開門(一般性的咒術空間)

不具有攻擊性的一般性咒術,或磨練具濃厚宗教色彩的理想修行空間,也具有天界的智慧。舉凡占星術、天文學,或神佛等,與天有關者全與此門相關。以靈而言,驚門是與低層次者相關,而開門則關係高層次的對象。

以上是八門的總整理,不過,在訓練時,最好選擇其中幾項,否則恐怕只落得徒勞無功、一事無成的結果。初學者尤其必須特別留意這一點。

初學者最好先由下列中的數項進行訓練。

・休門

使用於靜態冥想,尤其是做其他門的訓練後,身體躁熱或氣力過剩時就進入此門。日常生活的疲憊而想要鬆弛一下時,也可以進入休門。

・生門

要想強化仙道的氣勢或因體力不足凡事受礙的人，隨時可利用此門訓練。

・開門

若想達到介於休門、生門之間效果的人就用開門。同時，若想增強法術能力者也可使用此門。

・景門

一般人在此門做訓練時體溫會變得過高，所以並不鼓勵嘗試。但是，極端氣虛的人或生病而毫無體力的人，使用景門反而會有好的結果。

不過，必須修行到某個程度之後再修行此門，在最基礎的訓練階段則對各種的門做一次概要的練習。

培養隱形遁甲基礎能力的八門冥想技巧

八門冥想首先是由字體印象的固定法開始。事先必須準備好遁甲冥想盤。

字體印象的固定化

①手持遁甲冥想盤，將休門朝上。然後仔細地審視其中所寫的文字。

②然後閉上眼在心中清楚的描繪該字體。

③用眼睛注視，直到文字能清楚的顯現出來為止，閉上眼在心中描繪，再用肉眼注視在心中描繪，以上動作必須反覆。

④能凝視或透視的人可以利用本身的特殊能力，藉由光的印象立即看到文字。

筆者個人是，一開始就利用透視力讓文字出現於虛空中，而進行修行。

以上的訓練法由休門開始。接著是生門、傷門、杜門……依順時針的方向來進行，任何門都必須訓練，直到只用腦筋想就能使八門的文字在心中立即浮現。

另外，做意識法時除了文字外，還包括外框亦即台形的部分。

訓練時並不需要關閉在房間，只要剪下附圖裝在硬質塑膠袋內，在通勤、通學的車上也可隨時做訓練。持續一、二個月的訓練後，閉上眼睛也能清楚地看到文字。

另外，當八門的意識訓練法完成後，再如前所述地挑出其中數項做重點式的訓練。這是速成此術的要訣。

接著介紹適合初學者的四門的具體訓練內容以供參考。

合鬆弛與靜態冥想的休門訓練法

・色彩意識法

首先由色彩意識法進入。請準備附圖的八門色彩冥想盤。然後注視休門的顏色。

接著仔細觀察該顏色，閉上眼在心中想像同樣的顏色。用肉眼注視在心中仔細地想像。如此動作要反覆訓練。

當心中能清晰地呈現藍色的色彩時，再進入下面的訓練。

・情景意識法

想像休門所具有的情景。譬如下述的情況：

顯示想像中休門的情景的訓練用立體模型

坐在同樣大小的遁甲冥想盤上的術者。想像中連服裝也要像照片一樣的狀態。

可想像成在炎熱的夏天，天空飄浮著白雲的海邊。你坐在四處有涼風吹來的場所，輕鬆自在地喝著飲料……。

此門的象意是白雲、海洋、甘露（清涼飲料）、清涼感等。訓練到這些印象能描繪得栩栩如生。

•與八門空間一體化的印象法

與空間一體化的印象法是本訓練的重點。做法如下：

①首先想像一幅同樣大的遁甲冥想盤。接著想像穿著如上頁照片一樣的自己坐在冥想盤上。在此狀態下，只有文字及圖形是黑色，其餘皆呈白色。

②在腦海中想像自己做冥想時所處的房間景物（現實），而自己正坐在遁甲冥想盤上。

③注視遁甲冥想盤的休門文字，除了文字外也要注視其外框。當然，這全是在意識的世界進行。請特別注意由隸書所寫成的休門的字。

④當可意識到全部情況時，再想像接下來的瞬間，自己投入整片水色空間的情形。換言之，要想像自己的身體不論是臉或手、腳、服裝都變做水色的狀態。

遁甲冥想盤也是水色。

⑤不過，如果沒有輪廓就看不見形狀。因此，依下列的情況想像輪廓。空間和身體是水色，輪廓是泛白的水色，遁甲冥想盤的白色部分是水色，字、圖、框及線的部分是泛白的水色。換言之，在同樣的水色中想像有明暗的差別。

簡單地說，就是以休門的文字為導線，想像由現實的空間進入休門的空間（正確地說是指休門對面的空間）的情形。

⑥一旦進入休門的空間時，就吸收顏色的力量。休門是水色。只要做這個練習就能獲得休門的能力。

・往來於不同的空間

光是顏色的能力就能產生相當的效果。但是，為了強化這個空間的能力，必須再進行下列的意識法：

①想像在所進入的水色空間裡，出現圓形光點的情景。

②光點不久變成小圓點，其中又出現休門的情景。那是先前情景意識法所出現的內容。

③當然也可以從記憶中找尋類似的現實風景。譬如，在夏天的海邊，海面和天空一片蔚藍，在白雲天空下有一個人喝著冰涼可口的飲料……，只要栩栩如生地想像這樣的情景。

④不久，裡面呈現情景的圓越來越大，變成水色的空間。換言之，想像由水色的色彩能力所呈的空間，轉換為以具體的情景代表休門的象意空間。

訓練時可用這兩個方式。不過，由某空間移轉到另一個空間時必須嚴守如下的做法：

◎由現實世界移轉到休門的顏色世界，必須以休門的文字（包括其外框）為導線做意識移動。

◎由休門的顏色世界轉向現實世界時，可以立即想像現實的空間。換言之，只要想像轉變成白色的遁甲冥想盤與穿著白衣服的自己。當然，這時的背景是現實生活中自己的房間。在這個狀態下停止冥想，睜開眼睛。

◎由休門的顏色世界轉移到情景的世界要利用光點的擴大。如前述的說明。

◎由情景的世界轉移到顏色的世界，要使用與前述相反的意識法。換言之，只要想像情景縮小成圓點，最後變成光點而消失。

◎由情景的世界進入到現實的世界，可以不必透過顏色的世界。因為兩個世界可以直接往來。

首先，由現實進入到情景的世界時，想像光點變成內有情景的圓，再進入其中。回到現實時只要做過程相反的意識法。

培養仙道的基礎能力，產生超能力的生門訓練法

休門以外的訓練法和前述的方法完全一樣。不過，各自所具有的象意不同。以下針對不同的部分分別說明。

首先是生門的訓練法。

生門是支配東北方的門，掌管萬物形成的能力。主要做為從事仙道的必要基礎能力，以及使用於產生陽氣的情況。同時，也適合氣力不足者的修行。

一般人都把生門與休門成對使用。換言之，養氣時用生門，當氣力過剩而使熱氣（陽氣）過強，造成冥想時無法沉著的狀態時，就轉換為休門。

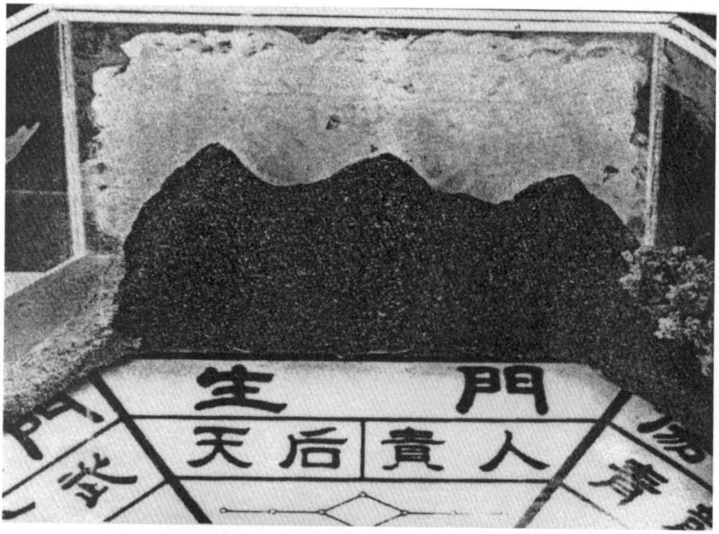

生門的情景。雲朵奔騰在天空呈黃色的雲霧。

坐在等身大的遁甲冥想盤上的施術者。想像跟照片一樣的服裝與狀態。

・色彩意識法

想像相當於八門色彩盤的生門顏色，淡土黃色。

・情景意識法

想像在初春的山上，天空的雲朵迅速地閃現，剛下了一場陣雨，天空隨即放晴，接著又陰暗下來的狀態。然後再想像春天黃昏的情景，描繪天空一片昏黃的樣子。

・與八門空間一體化的意識法

空間與身體是明亮的土黃色，其

間的輪廓是黃色。遁甲冥想盤的白色部分是淡土黃色，字、圖、線及框的部分是黃色。

・往來不同的空間

與休門的情況相同。

產生神秘能力、咒術能力的開門訓練法

開門是支配西北方的門，掌管萬物收斂的能力。同時也具有與天之高對抗的象意。

主要是使用在提高宗教性的智慧，磨練仙道中的咒術能力。譬如，符咒的能力或修密（密教）方面的能力。同時，也適合於培養占卜、天文學、醫療方面的能力。對於仙道中內功的初學者並不太適合，不過，適合冥想與鍛鍊氣力的修行有些進展的仙道。

・色彩意識法

想像與八門色彩盤的開門對應的暗天空色。

・情景意識法

想像晚秋在寬廣的高原上，眺望萬里晴空的情形。

・與八門空間一體化的意識法

空間與身體是暗天空色，其間的輪廓是水色。遁甲冥想盤的白色部分是暗天空色，文字、圖形、框及線的部分是水色。

・往來於不同的空間

與休門的情況相同。

磨練在現實世界中所使用的能力或神通的景門訓練法

景門是支配南方的門，掌管萬物繁茂的能力。主要有助於提高智慧、現實世界中的運氣（財運、成功）。

為何需要這個訓練法？因為成天為生活奔波忙碌，根本無法全心投入仙道的訓練，若能習得此法就不必像凡人一樣積極鑽營，只利用仙道就能在現實中悠哉地生活。

想像中的開門的情景。晚秋的高原，澄清的天空。

想像中的景門的情景。豔陽高照的乾燥高臺。

另外，景門是八門中陽氣最強的門，氣非常虛弱者，或年邁、病弱者可以利用此門練習仙道的內功。

不過，可能會使熱度（陽氣）過強。因此，做完景門的訓練後，必須利用休門進行冥想使氣平衡。

・色彩意識法

想像相當於八門色彩盤的景門顏色，紅色邊上加金框。

・情景意識法

想像在熱鬧的場所或豔陽高照、乾燥的高台上。同時，從紅與金的顏色想像明亮閃耀的智慧光芒或金錢、華麗的氣氛。

・與八門空間一體化的意識法

空間和身體是火紅色，其間的輪廓是金色。遁甲冥想盤的白色部分是火紅色，文字、圖形、框及線的部分是金色。

・往來於不同的空間

與休門的情況相同。

以上四項是最適合初學者的八門訓練法，請配合著使用。初學者首先以生門和休門配合著練習一段時間，等到純熟後再加上景門與開門的練習。

練習氣功法、仙道或其他修行，具有某種程度能力的人，一開始就可進入開門的訓練。而只對法術方面有興趣的人也可從開門開始訓練。

培養深奧能力與氣力的八門冥想

當上述四項已經訓練純熟後，可以再添加下列的訓練法。不過，做法上非常困難。最好不要立即使用。

可以培養戰鬥性咒術能力的傷門訓練法

傷門是支配東方的門，掌管萬物蓬勃的能力。力道強勁足以開天闢地。主要使用於培養戰鬥性咒術（調伏、詛咒）的能力

除了咒術以外，只要是以擊倒敵人為目的都可以使用。具有鬥爭性格的人可以一開始就選擇傷門做訓練。這樣可以儘早習得八門的神通與能力。

若使用於仙道的內功，則運用在打開竅門（閉塞的穴道）把陽氣通向背部直達頭頂，同時，如果運用在鍛鍊武術的能力效果極高。

·色彩意識法

想像與八門色彩盤的傷門對應的深藍色。

·情景意識法

想像在微暗而深藍的森林中，雷聲此起彼落，閃現銀色雷光的樣子。

·與八門空間一體化的意識法

空間與身體是藍色，輪廓是銀色。遁甲冥想盤的白色部分是藍色，文字、圖形、框及線是銀色。

·往來於不同的空間

與休門的情況相同。

理解超越形態、概念的神通或世界的杜門訓練法

杜門是支配東南方的門，掌管超越形態、概念的物體、世界等的神通。這是

意識中傷門的情景。雷聲所引發的閃電是重點。

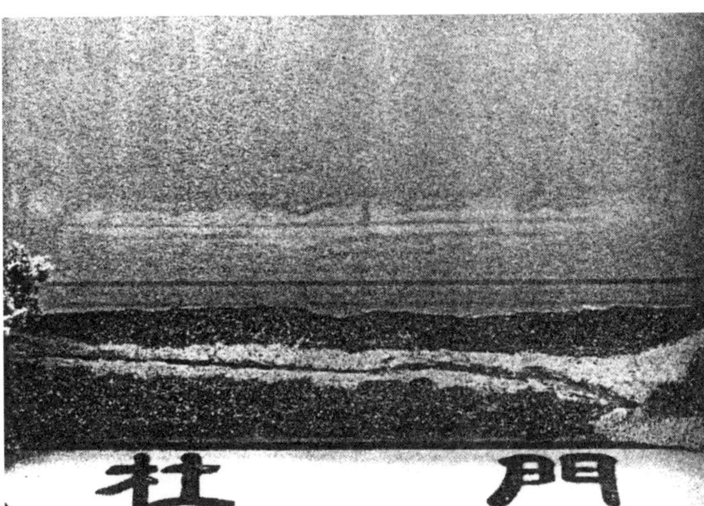

意識中杜門的情景。籠罩在紫色的迷霧裡。

很難說明的門，應用在想要得知超越人的知識領域的事物或想訓練有關這方面知識的情況。

以仙道的修行而言，若想得知只能用「無」所表示的世界或想控制超越人類知識的神秘力量時就使用景門。另外，當對象明確，如具有神秘能力的神、佛時則使用開門或驚門。

・色彩意識法

想像對應八門冥想盤的杜門的紫色。

・情景意識法

想像受困於紫色的迷霧中無法前進的情形。杜門的象意是停止或疑惑、神秘等。

・與八門空間一體化的意識法

空間和身體是紫色，輪廓是淡紫色。遁甲冥想盤上的白色部分是紫色，文字、圖形、框及線的部分是淡紫色。

意識中死門的情景。想像陰森、晦暗的墓地。

驚門的景況。到處是險峻的高山。

・往來於不同的空間

與休門的情況相同。

認識生死本質的死門訓練法

死門是支配西南方的門，掌管萬物死滅的神通。主要運用於想要得知萬物的生死原理的訓練。

另外，這裡所謂的死的對象純屬物理上的死，諸如死後的世界則要利用開門（高層次）、驚門（低層次）以學習其道理。必須注意其使用上的差別。

・色彩意識法

想像對應色彩冥想盤的死門的黑色。

・情景意識法

想像墓石倒地、骨骸散落四處的荒涼、陰森景況。另外，死門是以生物的物理性的死為對象。所以，絕對不可以有超自然現象的意識。換言之，屍體、骨骸、墳墓被破壞後完全失去機能的狀態……無遠弗屆地想像這類景況。

・與八門空間一體化的意識法

空間與身體是黑色，輪廓是灰色。遁甲冥想盤的白色部分是黑色，文字、圖形、框及線是灰色。

・往來於不同的空間

與休門相同。

理解潛在意識中神秘莫測的恐怖領域的驚門訓練法

驚門是支配西方的門，掌管人心中所隱藏的莫測高深的恐懼、驚慌等現象。主要使用於能自由地控制對命運的不安感、隱藏在潛在意識內莫名的恐懼，及令人難以理解的超能力現象，在現實世界造成恐懼的能力。

驚門幾乎不能使用於練氣。不過，為了提高意識的訓練或磨練法術能力，倒具有相當大的利用價值。

・色彩意識法

想像對應八門色彩冥想盤的驚門的鮮豔褐色。

・情景意識法

想像四處是險峻的高山，在到處是褐色迷霧的雨中，行進在沿著斷崖絕壁，到處是洞窟的險道上的情景。

・與八門空間一體化的意識法

空間與身體是褐色，輪廓是混著茶色的淺灰色。遁甲冥想盤的白色部分是褐色，文字、圖形、框及線是混著茶色的淺灰色。

・往來於不同的空間

與休門相同。

＊

另外，全體的訓練中所必須注意的是，若無法增強訓練空間的氣力，必須耐心練習前項的風景意識法，把當時的感覺儘量導向顏色的空間。

或者實際到與各門印象一致的場所，把當時的感覺投入顏色的印象中。不久各門的空間會迅速地轉變為散發強勁威力的場所。

使形體消失的八門冥想空間

練習八門的冥想訓練法時，我們都有極為奇妙的經驗。訓練中經常出現隱形或入異境術的經驗。那是在訓練中突然產生，持續到終止訓練為止。接著就來談當時的經驗。

一九八〇年的年尾，我們在東京的新宿舉行八門冥想的研修會。成員中有經營東洋醫學治療院的女士，叫做尾上的修道院和尚，某設計公司的祝井社長以及大學研究生、教授、土木技師等數人。研修會的成員多則八人，少則五人不等。

和這些成員已經有半年到一年左右的訓練經歷。而每次做仙道術訓練時，幾乎都會發生奇妙的現象。

在訓練場的某空間常出現奇妙的場所。以方向而言，是從北面的休門到東北的生門、東邊的傷門之間，這個位置相當於自古以來所謂的鬼門。那地方彷彿籠罩著霧氣，每次都有奇妙的事情發生。

譬如，每當我覺得這個方位可疑而走到牆壁旁邊時，用手指著牆壁就有人會說「老師的手不見了」，有時還會說「身體也消失了」。

當時在訓練中我是穿著藍色的衣服（為了修行而特製的服裝）。當我伸手指向異常空間時，大家都說手不見了。在陰暗的空間穿著藍色的服裝，有可能是錯覺所致。不過，我本身確實也看到是消失不見了。

由於好幾次都出現同樣的現象，我覺得有必要研究，於是某天就要求修道院的尾上先生走到那個可疑的方向。當時我站在與牆壁相對的方向，以第三者的身份做觀察。

首先，在他還沒走過去之前我仔細觀察了牆壁的樣子。透過靈視清楚地看見有一團白茫茫的濃霧，這種感覺在東北方的牆壁尤其顯著。白霧狀的東西擴散到牆壁前一、二公尺處。

當他走過去時，在離牆兩公尺左右，動作變得有點奇怪。當事者表現出想要停止的動作，卻好像被什麼東西拉往前去一樣。

他越接近牆壁，身上穿著的修行服就越來越糢糊。有時是頭有時是身體的部分，有時卻是手、腳的一部分忽隱忽現。

不久，當他到達牆壁時，他的身影便完全從視野消失，簡直像似溶化在空間裡一樣。而且，身體反覆地忽隱忽現，真是神奇無比。

因為和我以往的情況不同，他穿著的衣服是白色的修行服，在黑暗中絕對不可能看不見。換句話說，沒有動任何手腳，是真的消失了。

當他消失後我們維持原狀等他出現，卻不見他回來。三分鐘、五分鐘……時間慢慢地消逝，連我也開始擔心起來。於是走到牆邊，結果自己也進入那個空間中。仔細一瞧，他好像胎兒一樣地捲曲在牆邊。

我扶起他想從異空間把他拉回來，但是他卻意外沉重，好像被一股力量抓住一樣，拉拉扯扯好不容易才把他拉回來。

後來對另一名叫做伊藤的人也做同樣的實驗。結果仍然溶入那個空間，同樣地也是費了好大的勁才把他拉出來。

後來又對數人做同樣的試驗，而每人的情況卻各有不同。有人幾乎完全地消失，而有的人只是外型變得模糊。這些人最後都若無其事地回到原來的地方。

以我的感覺，八門的訓練較有成就、較容易進入該空間的人，溶入該空間的程度較強。而訓練不足較難進入八門空間的人，就鮮少出現這種現象。

我知道這種現象亦即入異境術或隱身術的狀態。因此，我詢問尾上先生當時的感覺作為參考。他說：

「越往前進眼前就出現一團白霧。心裡覺得發毛想要停止，但是雙腳好像被什麼拉扯一樣不停的往前進。

不久走進彷彿雲層的地方，剛才在房間的景況已完全看不見。上面、旁邊及腳下幾乎都已不存在的感覺。那種感覺並不壞，但是卻不知該如何回去，只好蹲在那裡。」

而伊藤先生的經驗是這樣的。

「和尾上先生一樣，當我靠近牆壁時，房間的景況已看不見，接下來的瞬間已經置身在不同的地方。

那是一間房間，不過是和剛才的房間完全不同的地方。屋內的擺設既不相同，房間的大小也不一樣。我不懂何以會置身在那種地方，也不知如何回到原來的地方，於是楞在那裡。幸好老師出現把我拉回來。」

在這個實驗之後，異空間現象更為發達。不久，牆壁彷彿穿了洞一樣，連夜空的景況也可觀察得到。當然，並非每次都出現這種情形，而是忽隱忽現似有若無。

我本來也以為是一種幻覺，不過，人卻可利用這個空間產生神出鬼沒的景象，一點也不像幻覺。若以視覺上的真實性而言，幾乎和現實毫無差別。

古代中國的仙人也許就是利用這些奇妙的空間，在眾多觀眾之前遁形或偽裝消失。總而言之，只要耐心地練習八門訓練法，一定可以出現這種狀態。當然，習慣之後就能自由地控制了。

出現兩個自己的出神術

出神術是仙道的代表性法術，是訓練內丹功仙道（在體內練氣的方法）的主要修行。

有關這項法術的記錄有許多，在此介紹其中數項以供參考。

有關出神術的小插曲，根據其性質以內丹，亦即金丹派居多。譬如，典型宗派的北派全真教的始祖的軼事中就常有出神術的例子。

接著，我們就來看馬丹陽（馬鈺，一一二三～一一八三年）這位仙人的傳承例子。

馬丹陽是眾所皆知的北派分支，遇仙派的創立者。他是北派全真教的創始人王重陽（一一一三～一一七〇年）的開山弟子，年紀也遠在王重陽之上。

有一次，他碰見已經超脫俗世的王重陽，有感於他的人品而甘拜為弟子服侍他。不久，崇拜尊師生活的馬丹陽把所有財產分給三個兒子，為了修行隱居在崑崙的煙霞洞。

修行長達二十年。有一天，他面帶微笑對弟子說「今天是最好的日子」，隨即歡歌起舞。這時從天上傳來美妙的音樂，仙女伴著侍從飄然而下。

仙女對馬丹陽說：

「我先回蓬萊（仙人的住處）等你的駕到。」

說完後就消失了。

當天晚上，馬丹陽和弟子們在交談中突然打了雷、刮起一陣非比尋常的風雨。在雷雨交加中，他面向東方以手肘當枕，就離開人間了。

就在這個時候，在馬丹陽的朋友，任職酒監的郭復家中，門上有人用毛筆寫下詩句。詩文內容是「年屆六十一，世間無人知，雷聲一響，隨風而去」。

而就在同時，弟子劉錫家的牆壁上，也有同樣的詩句。

不久，這二人接到先師死亡的消息。但是，從同時所寫下的詩句的筆跡看來，是陽神所留。換言之，在同一個時刻出現了兩個馬丹陽——。

*

以上是馬丹陽出神的狀況，在此所以稱其為陽神，乃是做為接著所介紹的出神狀態，陰神的伏筆。

陰、陽神之別容後再敘，馬丹陽的出神狀況是在臨死的邊緣，這種例子尤其多。其實這是因為記錄者對當事者較為顯著的事件，特別描述的關係。事實上在這些特異經驗之前，出神的實例更多。

為了證明這一點，接著介紹同樣是創立北派分支的譚處端（長真子，一一二三～一一八五年）的出神實例。他是創立全真教中名為南無派的教主。這個派別在修行方面有特別顯著之處。

根據傳說，譚處端從嬰兒時期開始就有特異的骨相，令周遭人大為震驚。六歲時曾經不小心落入井裡，但是，他卻無視於慌忙鑽入井底的家人，獨自坐在水面上，絲毫沒有下沉的跡象。由此可見他天生便具有不凡的素質。

另外，還有這樣的傳說。

有一次，他正熟睡中，家裏突然起火，火勢一發不可收拾。刹那間就吞滅了整個屋子，他卻若無其事地安然入睡。家人急忙將他搖醒，但是他看見眼前的熊熊火燄，一點也不驚慌。不可思議的是，火燄似乎靜止不動直到他起身離去。

十歲時，他看到長滿葡萄的葡萄架。便作了一首令人驚訝的詩句。詩文如下。

「一朝行上青龍架，見者人人仰面看。」

意思是「有朝一日，仙術成就時，將搭乘青龍飛上天。這時人人會抬頭仰看」。

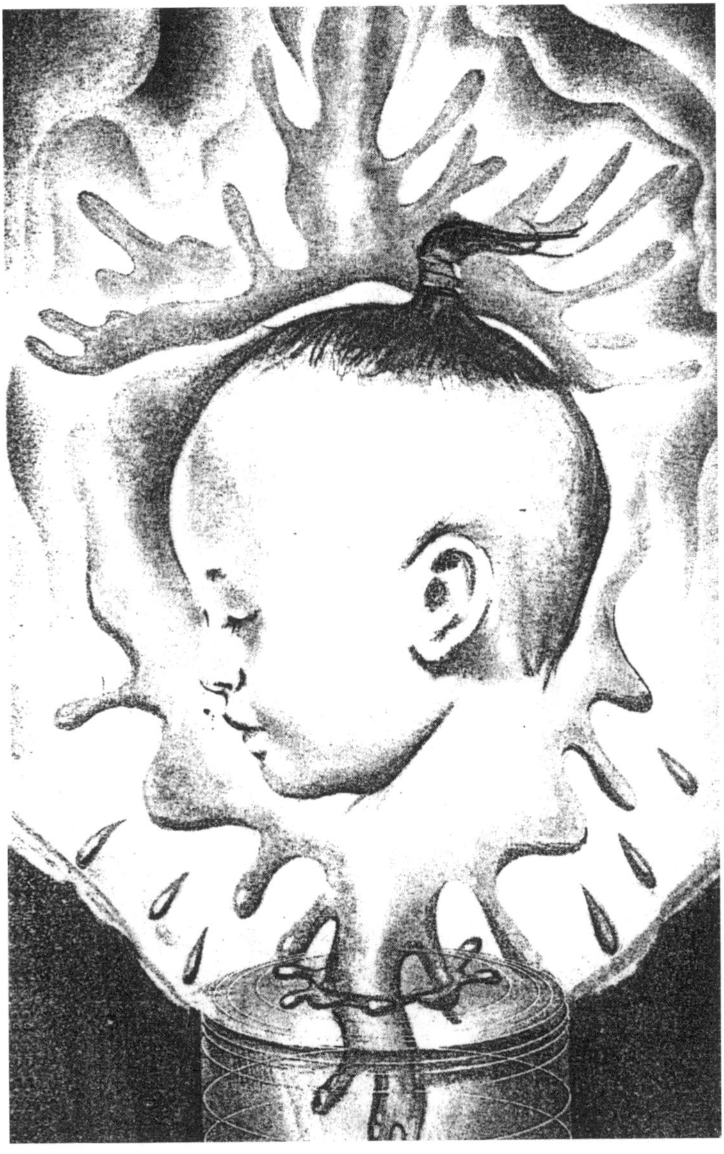

才十歲的兒童，竟然會作如此意味深長的詩句。這似乎暗示著他的未來，頗引人尋味。他相當用功，長大後精通各種學問。而卻也嗜酒如命，沒有讀書時便是飲酒。

因此，有次喝醉酒躺在雪中睡著了，結果染患腳氣病，造成行動上的不方便。於是他唸誦據說頗為靈驗的北斗七星咒做為治療。

結果有一天晚上，在夢中看見地上鋪著一張又大又華麗的草蓆。譚處端看到這張草蓆後，心想到底是誰把它鋪在這裡。於是想把它收起來。當他碰觸到草蓆時，仔細一瞧，草蓆上竟然端坐著數名仙人。譚處端一慌，趕緊鬆開手，對他們伏地膜拜。

從此之後，他便立誓往神仙之路邁進。

不久，他聽說王重陽這位仙人在當地的富豪馬丹陽家中。他趕緊拐著不便的雙腿去一看究竟，結果那人便是那晚夢中坐在草蓆上的仙人之一。當然，譚處端當場就拜入他的門下。

王重陽將譚處端安置在自己的房間，生活起居都在一起。當時是嚴寒的冬天，譚處端因寒冷而造成腳氣惡化，時而畏寒時而發高燒，王重陽於是將手掌貼在他的患部直到天明。譚處端全身冒出汗水，常年來已成宿疾的腳氣完全痊癒了。

後來，譚處端在王重陽之後，進入前述的崑崙煙霞洞修行。當修行完畢，為了弘揚仙道而踏上旅途。

途中落腳在新鄉府的某廟宇，停留一段時間後再移往衛州。

他在兩地活動時，許多人目擊到不可思議的現象。這也正是這裡所談的出神術。

譚處端從新鄉府的廟宇前往衛州，經過數天後的某晚，叫溫六的廟祝，於半夜巡視時，發現譚處端所住的房間點著一盞小燈。

「譚先生應該是在衛州，到底何時回來的。」

溫六覺得可疑，但是他非常尊敬譚處端，想過去打聲招呼。便推門進入房內，結果發現譚處端面對著他打坐。

溫六問：「您何時回來的？」

而譚處端卻回答說：「不，我還沒回來啊。」隨即站了起來走出門外。

溫六搞不懂何以剛回來又在半夜外出，心想也許馬上就回來，於是便在房內等待。但是，譚處端始終沒有回來。

溫六覺得奇怪便把這事告訴大家。大家聽了覺得挺有趣，於是要溫六到衛州一探究竟。衛州與新鄉府相隔數十公里。一晚根本無法往返。

當天夜裡溫六到達譚處端所落腳的旅館。溫六在見譚處端之前先詢問旅館的主人，結果老板一臉狐疑的表情說：

「譚先生昨晚一直在房中靜坐，一步也沒走出來。我親自看了好幾次。」

到此才明白原來出現在新鄉府廟宇的是譚處端的陽神，而在旅館靜坐的譚處端是以陽神的狀態同時出現在新鄉府的廟宇陷入冥想中，被溫六召喚後才回過神來，於是回到原來的場所。

仙道的陽神與陰神的差異

所謂出神是另一個自己出現在其他場所。所以，被認為和超自然現象中所謂的「靈魂出竅現象」是一樣的。但是，在此可以斷言的是，仙道並不是這麼一回事。

以仙道的立場而言，西洋所謂的靈魂出竅是利用陰神的出神，而仙道則是來自另一種陽神。雙方有明顯的差別。

換言之，出神具有下列兩種形式。

來自陽神　仙道的出神。

來自陰神　來自超自然現象的靈魂出竅。

那麼，這兩者有何不同？有一則軼事很巧妙地說明了這兩者的差別。

故事的主角叫做張紫陽（悟真先生，九八七～一〇八二年），他也是金丹派仙道，亦即全真教的開祖之一。不過並非北派，而是創立具有房中術的行體系統的南派。

北派與南派的不同點是，北派是以禪為修行方法，採取禁慾的修行方式，南派則頻繁與女性發生肉體關係，藉由男女間的氣道循環而修行。

姑且不論其中的差異，在此僅介紹張紫陽出神的小插曲。

張伯端（張紫陽的本名）出身於天台。年輕時就喜歡專研學問，到了晚年便教導仙道。但是仍覺得不夠充實，於是四處遊歷以尋求更高深的學問。

在求道的過程中，於宋熙寧二年（一〇六九年）走訪四川省之際，碰到一名叫劉海蟾（道教全真五子之一）的仙人，獲悉仙道的奧妙。從此之後自號為紫陽。

當時某處有一位著名的禪僧，當他進入禪定時，即能神出鬼沒，瞬間往來於數百里之間。張紫陽與他義氣相投，經常共同神遊。

某天張紫陽又邀禪僧說：

「怎麼樣，今天天氣很好要不要出外遠行？」

當然不是指旅行，而是指出神遠遊。

禪僧欣喜地回答說：

「那麼，今天就到揚州觀賞瓊花吧。」

於是二人走進安靜的房內，相對而坐進入禪定。

當張紫陽出神來到揚州時，禪僧早就來到瓊花觀賞處繞了三回了。紫陽和禪

藉陽神而出神的張紫陽（右）帶回了瓊花，而只能藉由陰神出神的禪僧，卻無法帶回出神時所摘的花朵。

僧並肩而走地說：

「你看，我們何不各摘一朵花帶回去做為紀念。」

禪僧也欣然同意。二人各摘下一朵花拿在手上，步上歸途。

不久二人不停地打著哈欠，在靜坐的房間裡睜開眼睛。紫陽說：

「和尚，你的花怎麼啦？」

禪僧慌忙地看了自己的手，手上沒有任何東西。而張紫陽的手中卻拿著一朵盛開的瓊花。

後來弟子們詢問張紫陽：

「為什麼同樣出神遠遊，師父您帶回了花，禪僧卻辦不到呢？」

紫陽如此的回答：

「那是因為我同時修練了仙道的性（意識）與命（氣的力量）的修行。若能同時兼顧這兩種修行，當氣凝聚時就成形，相反地形散時就成氣。所以能出入於喜好的場所。仙道上稱此為陽神。

但是，那位和尚為了儘早求得效果而疏忽練就命的修行，只專注於性的修練。因此只有意識能出竅遠遊。在仙道上稱此為陰神，陰神便無法帶回實物東西。」

＊

以上是說明陰神與陽神差別的著名小插曲，不過對仙道還不太熟悉的人，也許還不完全清楚是怎麼回事，接著就以更具體的例子讓各位對二者的不同有更深入的瞭解。

基本上陽神與陰神的差別如下所述。

「此神（仙道所謂的出神之神）乃是有形的自己，散則成氣，聚則成形。此為先天之氣，正是所謂純陽之正氣，稱此為陽神。緣自五眼六通（超能力），能見任何人也能與任何人交談。同時，也能和肉體的自己一同進食。」（趙避塵著《性命法訣明旨》）

「陰神只藉靜坐就能產生，乃是一種靈氣。雖然可以看見他人，他人卻看不見自己。當然，既無法與人交談也無法進食。」（同書）

根據趙避塵（千峯老人，一八六〇～一九四二年）的說明，所謂來自陰神的出神乃是藉由超自然現象的靈魂而產生的體外脫離，陽神則可以說是具有仙道獨特的物質化，處於一種特殊而神奇的狀態。事實上在出神的修行法中有一個頗饒興味的注意事項足以做為陽神具有物質性的證明。

「出神要在風和日麗的時候進行，避免刮風、陰霾、下雨的日子。」（柳華陽口授，楊青藜筆記《大成捷徑》）

為何超越肉體的靈氣，陽神的體外脫離會有這麼奇妙的注意事項呢？乃是因為陽神和肉體一樣會直接受自然現象的影響。

有關這點《大成捷徑》中又有下面的說明。

「陽神出入時，若刮起風來則被吹走，直接曝曬於日光下則會乾裂。應該選擇風和日麗的日子進行。」

當然，這則注意事項之所以具有重大意義，是因為在陽神還未完全成形的初步階段，一旦修練完成所受到的影響就不大。

總而言之，從必須留意這些注意事項的事實看來，仙道的出神及陽神的出神並不只是靈魂出竅現象，而是具有某種物質性的獨特現象。

八門空間所產生的出神現象

在仙道上出神現象是極為普遍的，當修行至某種程度時，任何人都會有這樣的體驗。不過，若以標準的仙道，亦即僅靠內功的修行，要達到這個地步並非容易。因為必須具有強大的神通與集中力。

但是，利用仙道術，只要使用其中的八門訓練法，便能輕易地達到出神的效果。理由非常簡單，因為空間本身就能誘導出神。

所以，訓練時不要只在意是否有出神的現象。以筆者的經驗而言，許多人在做八門訓練法時，自然而然地就有出神的現象。

當然，也可以刻意地做訓練。在這種情況下會很清楚自己正在施行出神術。

總而言之，根據實例才能明白到底是什麼樣的狀態。因此，接著介紹在無意識中及意識中訓練的兩個例子，以解說其實際狀況。

首先來談無意識中出神的例子。故事的主角是經營某醫療院的伊藤女士。

據伊藤女士所言，即使坐在自己家中也常有出神的現象。尤其是練習八門訓練法時更容易產生。

接下來所介紹的是其中的一個例子。有一天，她打電話到我這裡，剛好我不在，接電話的人把電話的內容轉達給我。

她在電話中問「老師您是不是到我家裡來玩了？」我根本沒去她家。因為她家在山梨縣，而且我並不知道她的地址。

據傳話的人所言，電話的內容大致是這樣的。

「當天中午正在練習八門冥想時，老師突然來到家裡。難得老師前來拜訪，於是一同到甲府車站前的西武百貨公司內用餐。由於談得起勁到底吃了什麼也忘了。

不久老師說要回家，我去送行時轉眼間卻不見老師的蹤影，後來我立即回到家裡。能不能麻煩您確認一下，老師是否真的到我家來過。」

據說她一再地叮嚀要確認此事。

我確實沒去過，答案當然是ＮＯ。不過，我突然想起一件事來。

就在那個時候，我正和朋友在東京池袋的西武百貨公司一起用餐。場所雖然

不同，卻和她打電話來的時間及西武百貨這個關鍵語不謀而合。

也許她是在無意識中，藉由出神來到我們用餐的現場吧。而這種體驗她卻曲解為前述的情景，以為是我到她的住處。

接電話的人還說了更奇妙的事。

據說她的家人（她的弟子們）找不到她的蹤影。

而弟子們的說法也有些微的出入。因為其中一人說在那時完全看不見她，而另一人卻說在房裡隱約地看到老師的雙腳（這種說詞也非常奇妙）。不過，兩者都是沒有清楚地看見她的行蹤。

後來我和她碰面時，向她確認弟子們的話是否屬實，她回答確是如此。聽到我的回話，她又再次詢問弟子，結果證實大家一點也沒錯時引起一陣大騷動。

她的奇妙體驗，並非只有這些。經常碰到她打電話來詢問類似的問題，而且每次都和現實的情形奇妙地不謀而合。尤其令我敬佩的是，她竟能猜中我房中的擺設，而卻從來沒到過我家。

有關伊藤女士的故事就到此為止，接著來談意識下的出神例子。在這種情況下八門也是重要的關鍵。

有一次我聽一位叫大場的先生說，他進入仙道術中的奇妙空間（八門或九星）。當時我並未注意到這個現象，不過據說其他人都親眼目睹了。

如果此話當真，他在仙道術上的功力可不同凡響了。因此，有一天我決定要確認其中的真相。

既然曾經體驗過八門（九星）的空間，成功地進入該空間，以後即使不使用八門依然辦得到。因為造成這種現象的八門空間早已形成了。

當天我聚集了七、八人，開始進行實驗。首先我讓那個奇妙的空間（隱身術時所使用的空間）出現在東北方後告訴他：

「為了慎重起見，我會按住你的身體，你就依以前的方式試著進入那個空間。不過，聽到呼喚時要立刻回來。」

從我們的位置到那奇妙的空間，大約有兩公尺的距離。為了避免他移動，我雙手環繞在他的胸前。我想知道出神之際有何物理上的感應。

仔細地觀察，剛開始他的身體出現往前挪的動作，但是，這只是霎那間而已，接下來則紋風不動。但是，下個瞬間我卻親眼看到奇妙的現象。我看見和他形體一樣的白色霧狀，朝向該空間微彎著腰走進去。當白色身影走近那個奇妙空間時，彷彿被吸入一般地消失了。

毫無疑問地這就是出神的現象。雖然自己也有出神的經驗，卻從來沒看過這麼清楚的出神現象。不過，除了我之外，其他人由於功力還不夠，所看到的景象仍然曖昧模糊。

當然，看的角度也有關係。但是，我覺得最大的原因是在於八門所造成的空間的力量。就是這股力量才能顯現如此清晰的出神現象。

到此我已經確認無誤，於是叫他回來。結果，他突然從那個空間現出白霧身影，隨即像剛才進入空間一樣微低著頭回到原處，然後一溜煙地進入自己體內。

以上是大場先生在意識中所進行的出神景況，我從沒看過這麼清晰的陽神。

總之，當天的實驗讓我們確信八門的訓練法可以應用在出神術上。

由此可見，八門訓練法所練就的功力比想像中的還要強。希望讀者們能虛心學習以達到出神的境界。

第三章

產生力場 實現空中浮遊的九星術

支配現世的隱形顏色的神通

在八門訓練法之後，接著來談以隱形遁甲為中心的九星術訓練法。九星術是磨練八門冥想的功力，引導練功者進入更深奧的法術世界的冥想法。

請看附圖遁甲冥想盤外側數來第三層（武器類不列入層數）中，圓圈與線所組合的奇妙圖形，這就是九星。

附圖的九星和表示方位運用於占卜的九星學基本盤，在配置上完全相同。要認識各個九星，只要數圖中的圓圈數目。

舉例而言，若是位於休門方向（北）的九星，由於圓圈數是一就叫一（正式名稱為一白）。而位於景門（南）的九星，其圓圈數是九因此叫做九（正式名稱為九紫）。只要數九星的圓圈數就能明白。

換言之，其名稱如下。

二＝二黑（西南）、三＝三碧（東）

四＝四綠（東南）、五＝五黃（位於中心的太極位置。沒有記號）

六＝六白（西北）、七＝七赤（西）、八＝八白（東北）

在我的仙道術中有兩個代表性的訓練法，就是利用九星的神通。其一是對應空間軸的訓練法，稱為宇宙流冥想。另一是對應時間軸的訓練法，稱為生命循環冥想。

兩者都和現實的時間、空間有極密切的關係。因此，持續地訓練時就能隨心所欲地控制時間、空間。

譬如，可以扭轉空間並進入其內。換句話說是讓自己的形體溶入空間裡。

正如前章所述，八門也可以發揮同樣的神通。但是，利用九星在操作上更為自由自在。若使用八門有時會受制於自己所習慣的方向，譬如習慣於東北方向（生門的位置）之後，其他門就難以發揮效果。但是，九星卻不被場所和習慣所限制。

同時，九星也較能控制空中浮遊術，利用九星時即使不用遁甲冥想盤的意識法，也能在原有的狀態下浮遊起來。

另外，這個訣竅是次章所介紹的氣象制御或地氣控制術所不可或缺的。若沒有練成九星術，除非仙道的內功達到相當的火候，否則絕對無法辦到這些仙道術。

總而言之，九星和下面所介紹的仙道術的各種現象有關，請儘量學習。

九星和顏色有非常密切的關係，事實上八門或十二神也是運用九星的這個特徵。不過，其間有下列的不同。

九星和現實世界的顏色有關，而八門、十二神則是把其印象與顏色對調而已。換言之，九星是真正的顏色（應說是顏色的對應），而八門、十二神是假的顏色。

具有這種特色的九星是遁甲的基本要素，其顏色隨年、月、日、時彷彿萬花筒一樣千變萬化。雖然我們是以顏色表示，事實上它是以顏色的差別所認識的宇宙（空間）的熱能，會隨著時間產生變化。

九星包括一白、二黑、三碧、四綠、五黃、六白、七赤、八白、九紫等九項，而有的人根據此九星後面的顏色解釋，以一、六、八為白，二為黑。但是這是極大的誤解，詳細情形容後再敘。其實，這是曖昧不明的顏色（中間色、混合色）的假稱而已。

根據台灣成功大學的丁振武教授（物理學）或日本的內田秀男博士（著名的超自然科學的先驅者）等研究者所言，九星的顏色是忠實地在盤面配置曼希爾（Munsell）色系表中的色彩環中所表示的色彩循環。

換言之，可說是和太陽光的光譜順序（透過分光儀以波長所分解的成分，依波長的順序排列而成）類似。

丁教授認為，九星的顏色是從某方向接受各種不同波長的太陽能的狀態。同時，據內田博士所言，靈視者所看見的自然界各種熱能狀態的差別就是以顏色表示。總之，這些研究學者們認為某種現實的熱能存在於九星的顏色中。

類似九星的神秘熱能

本來大家都以為九星的顏色是中國獨特的東西。但是，事實上也有其他與九星類似的東西。

譬如，西洋魔術中所使用的「托特瓦潮」。這本是印度的東西，也是表示隨著時間而改變的顏色。

其性質大致可整理如下。

(1)「托特瓦潮」是地球的磁場與太陽的以太（ether）的相互作用。

(2)是因地球的自轉、公轉而產生。亦即藉由磁力集中的場所（磁氣圈）而產生。自轉時在太陽照射的期間由東流向西。公轉時則可分為兩種。

其一，自冬至到夏至的六個月間，是由北流向南的時期。據說其間還包含破壞潮（十二月二十三日～三月二十一日）與播種潮（三月二十一日～六月二十一日）兩個時期。

其二，自夏至到冬至的六個月間，是由南流向北的時期。據說其中也包括收穫潮（六月二十一日～九月二十三日）與計劃潮（九月二十三日～十二月二十三日）兩個時期。

而南半球與此相反。

(3)積極的潮流是由北極流向南極，消極的潮流則由南極流向北極。

東西的潮流和地球的「平加拉」（東）、「依達」（西）有關，同時也和人體

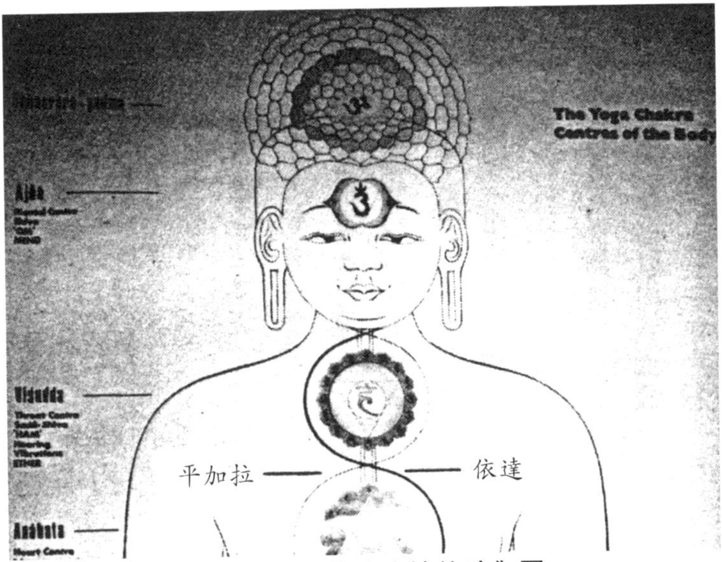

表示平加拉與依達路線的瑜伽圖。

的平加拉、依達對應。

這裡所謂的平加拉、依達是瑜伽在運氣上昇之際所使用的輔助路線。在此附帶一提以供參考。

(4)磁場會記憶地球上所有的事情。透過某種誘導過程也能記憶太陽的古老傳說。另外，在消極的托特瓦潮的影響下受月球支配。下弦月時據說無法產生超自然現象的活動。

(5)托特瓦呈五層的漩渦狀。各層與顏色對應。

阿卡夏 以太。深藍或黑色。

維尤 大氣（空）。藍色。

拉加斯 火。紅色。

阿巴斯 水。銀色。

布力提維 大地。黃色。

⑹五層漩渦狀各有大小的轉變。當其中一層佔優勢時，其他要素則混合一起，若該要素轉弱時其他要素則漸漸增強擴大。

以上是托特瓦潮的概要。不過，法術師訓練法術時會利用它特瓦潮選擇最佳時機。

雖然顏色的對應並非一致，不過，九星與托特瓦潮仍有相似之處。譬如，九星中有所謂的陽遁、陰遁，和托特瓦潮的公轉對應。陽遁是指夏至到冬至的半年期，陰遁是指冬至到夏至的半年期的氣流。二者的流向完全相反。同時，在氣流源方面，托特瓦潮是太陽光線與磁氣的相互作用，而台灣的丁教授認為九星也是太陽光線的作用。日本的研究遁甲的第一把交椅——內藤文穩及台灣的遁甲專家們則認為是地磁氣與太陽光線的作用。

總而言之，九星與托特瓦潮有許多類似之處，不可能毫無關係。

與這兩者在構想上雖有所差異，但是德國的來亨巴哈所提倡的神奇能源「歐

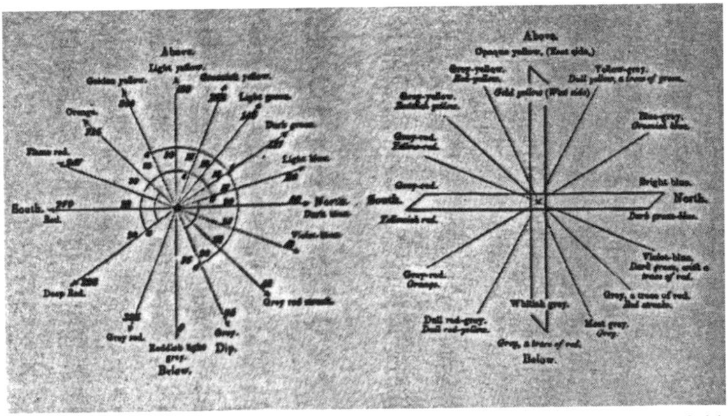

表示「歐特」顏色變化的來亨巴哈的實驗圖。左邊是繞轉60公分左右的鐵棒時的變化，右邊則是繞轉重達七公斤的長方形鐵板時的變化。兩者都可利用方位確認「歐特」的顏色變化，和九星有共通之處。

特」也是論及方向與顏色的差別，頗耐人尋味。

據說「歐特」是來自星星與月亮所散發的放射線，是結晶體、磁石、化學反應的能量，生物所散發的熱能等的泉源。

從物體本身所散發出的能量中，可藉由方向觀察出不同顏色的「歐特」。

舉例而言，繞轉重達七公斤的長方形鐵板時，南方呈紅色，北方呈暗藍色，東方則是灰黑色，西方是黃色，可看見各色的「歐特」。

雖然和九星基本方位的顏色——

南是紫、北是深藍、東是碧（青綠）、西是赤，有部分不同，卻呈現出對應關係。

當然，「歐特」是物體所發出的熱能，而九星是空間本身的熱能狀態，而且九星只有八個方位，「歐特」卻有十五至十六以上個方位所呈現的各種顏色。這些差別並無法做完全的比較，但是在構想上的確非常相似。

九星中提到人的氣（精力）與空間之氣有關，因此，從相反的角度來看，也許可以依「歐特」的方式來表現。

由於「托特瓦潮」、「歐特」和九星的比較研究並未發達，因此無法再深究其間的關係。不過，不論東、西洋卻有類似的理論。

由此可見其中一定有某種共同的根據。

總而言之，我認為以顏色掌握宇宙空間中某種能量狀態的就是九星。

有關九星的理論就到此為止，接著就進入其應用技巧。首先介紹宇宙流冥想，其次再談生命循環冥想的訓練法。應用法則在最後。

掌握空間氣流的宇宙流冥想訓練法

進行九星冥想的訓練法時，不論是採用宇宙流冥想或生命循環冥想，各九星的顏色占居非常重要的角色，因此，必須把九星顏色烙印在意識中。請看附圖的九星冥想盤，仔細地記住其中的顏色。

遁甲九星冥想中九星的色樣

一白 顏色青紫。九星中所謂的白是指顏色曖昧不明（中間色）的意思，一白之外還有六白、八白等同樣的名稱。

二黑 是指深藍色。顏色幾乎和黑色混同，所以才有這種稱呼。

三碧 碧是指青綠色。

四綠 就是青綠到綠、黃綠之間的顏色，色域極廣，附圖上以黃綠代表。

五黃 從相當接近黃綠的黃色到與六白的顏色極為相似的顏色，包含極為廣闊的顏色領域。嚴格地說，世間所有的顏色混合一起所呈現的泛白顏色才是五黃的真正狀態。附圖為了方便以黃色代表。

六白 六白的白也和一白的白一樣，是指夾雜於五黃的黃色與七赤的紅色之間的曖昧（中間色）色彩領域。現在所謂的橙色就是這裡所指的顏色。

七赤 這是比鮮紅還要暗淡的紅色。在自然界中紅色是波長較長，亦即熱能較低的物體所散發出的顏色。

八白 這也是具有中間色彩領域的意思。是指七赤與九紫間的顏色，相當於現在的赤紫色。

九紫 九紫指的是紫色。在可視的光線中是由熱能最高的物體所散發出的顏色，九星中也表示最活潑的氣的狀態。

宇宙流冥想的感覺（觸覺）印象

若能認識九星的顏色就能大致懂得其基本含意。不過，認識顏色並無法操縱遁甲冥想盤的法術。必須配合下列的印象做訓練。

一白 這是深藍色的空間，想像軟綿綿、潮濕而令人覺得冰冷的感覺。這就是一白的意識。在深藍的空間中那種感覺包圍住全身 做這樣的想像。

二黑 比一白更黑的藍色，幾乎可看成黑色。想像在這種顏色空間中彷彿按壓海綿時有些微抵抗的觸覺。

三碧 想像在昏暗的青綠色空間，聲音突然炸裂開來的感覺。具有物理性壓迫感的聲音一再逼近的印象。

四綠 想像在明亮的黃綠色空間，具有彈力而能自由伸縮的感覺。彷彿橡皮、發條等彈力。

五黃 想像在混雜著白色的鮮豔黃色空間，像大地一樣平穩不動。但是，稍一觸動則有如山崩一樣難以制止的感覺。

六白 想像在不太明亮的橙色空間，彷彿按壓不會變形的堅硬球體的感覺。這種感覺和球軸承等表面光滑的球體感覺相近。在此要注意的是並非想像球體本身，只是想像由球體所承受的感覺而已。

七赤 在昏暗的紅色空間，有種極為堅硬的感覺，相當脆弱容易缺角、破損的東西就是七赤的意象。也可以想像實際上鑽有孔穴，可以在其中出入的空間。

八白　稍微昏暗的赤紫色空間，持續著往上攀爬的感覺。彷彿到了盡頭時從旋轉門一轉進入另一個空間……依這種感覺去想像。

九紫　非常明亮的紫色。想像一種尖銳的感覺往自己壓迫過來的情形。像鑽石一樣堅硬的感覺或雷射光線般燦爛的光芒，混在一起向自己逼近的感覺。

請利用上述的組合意識，一邊看附圖的九星色彩盤做下列的訓練法。

宇宙流冥想的基本訓練法

①首先把附圖的九星色彩盤放在眼前，然後凝視盤的中央（九星配置之處）的九星顏色，透過視覺烙印在意識中。

②接著閉上眼睛，由一白開始一一地浮現九星的顏色。反覆數次直到閉上眼睛的狀態也能完全地浮現九星的顏色為止。這時身體所承受的是清晰地想像與九星對應的物理感覺。

③環視九星色彩盤周圍的顏色帶。由青紫（相當於一白）開始，依順時針的方向看過去。要領是透過視覺將顏色轉變的樣子烙印在意識中。

利用色彩盤想像九星的顏色

這時，在附圖上也會重現九星顏色推移時的中間狀態，在中間色的地方想像其外圍顏色的感覺，直到能夠想出顏色推移後再進入下面的階段。

④靜坐後進入冥想狀態，由一白開始。作法是首先清晰地感應一白的顏色空間與觸覺印象。

在這個狀態下徐緩地將空間的顏色移轉至二黑。顏色的變化與色彩盤周圍的色帶對應。同時，觸覺也由一白的液狀、軟綿綿的感覺轉而想像成二黑的海綿狀感覺。

二黑之後是三碧，同樣的也將空間的顏色、觸覺由二黑移轉到三碧。

然後是四綠、五黃、六白、七赤、八白、九紫，再回復到最初的一白狀態時就結束此項訓練。這稱為陽遁的訓練法。

⑤習慣後接著由九紫開始往八白、七赤、六白……進行反向的訓練法。這稱為陰遁的訓練法。

⑥習慣以上的意識法之後，接著不僅是一個九星的顏色，而是想像所有的九星同時存在的狀況。

以五黃為例，假設自己所坐的位置是五黃的顏色，東邊是青綠、東南是黃綠、南是紫、西南是深藍色、西方是紅色、西北是橙色、北是藍色、東北是赤紫色，同時想像以五黃的九星為正中央時，出現在其周圍的所有顏色。

顏色也是由一白開始依陽遁的順序往九紫推移，然後由九紫以陰遁的順序往一白推移。

有關各個盤色的配置如附圖所示，請看清楚後再開始做訓練。

⑦一旦習慣這種訓練法後，接著想像站在中心點的地方，朝任何方向移動的樣子。這時，由位於中心的顏色（若是五黃為中央就是黃色）移往任何方向（若

・一白為中心

九紫	五黃	七赤
八白	一白	三碧
四綠	六白	二黑

・二黑為中心

一白	六白	八白
九紫	二黑	四綠
五黃	七赤	三碧

・三碧為中心

二黑	七赤	九紫
一白	三碧	五黃
六白	八白	四綠

・四綠為中心

三碧	八白	一白
二黑	四綠	六白
七赤	九紫	五黃

・五黃為中心（附圖）

四綠	九紫	二黑
三碧	五黃	七赤
八白	一白	六白

・六白為中心

五黃	一白	三碧
四綠	六白	八白
九紫	二黑	七赤

・七赤為中心

六白	二黑	四綠
五黃	七赤	九紫
一白	三碧	八白

・八白為中心

七赤	三碧	五黃
六白	八白	一白
二黑	四綠	九紫

・九紫為中心

八白	四綠	六白
七赤	九紫	二黑
三碧	五黃	一白

以一白、二黑、三碧……九紫各為中心時的配置盤。請以此盤為參考，想像所有的九星同時存在的狀態。另外，以五黃為中心的盤是附圖的九星色彩盤。

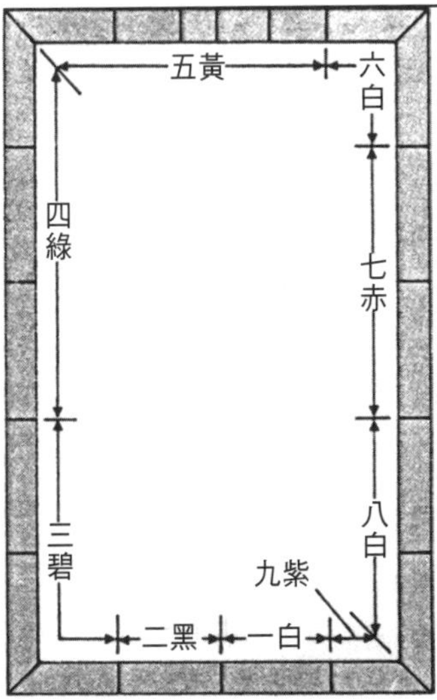

九星色彩盤周圍的色帶其配置法如圖所示。依前述的要領將這個顏色的推移烙印在意識中，而色帶中也會重現中間色，請仔細地注視。

是東方則是三碧，是青綠）時，要想像由剛開始的顏色移轉到另一個顏色時，空間漸漸變化的樣子，不僅僅是顏色，同時也要想像觸覺變化的情形。

⑧在這個階段可確認一下自己所承受的感覺，是否與實際的九星配置一致。這時可利用市面上的萬年曆（記載年、月、日時的九星）做比較。不過，要先以自己的感覺掌握現實的九星氣流狀態，然後再以萬年曆做確認。

因為多半是萬年曆出現錯誤。這番說詞也許會觸怒從事占卜業的人。不過，九星的格局編排不易，若只是依天文曆編排數字並無法製成正確的萬年曆。

由於篇幅有限無法詳細解說，總之，重要的是要以本身的身體去感應實際的九星與萬年曆之間的出入。

⑨若能耐心地練習以上的訓練，不僅能親身體驗現實空間的氣流變化（九星）不久也可能只利用意識就能自由自在地變化空間。到了這個階段這項訓練法就完成了，接著來談生命循環冥想。

利用生命循環冥想可以往來於過去與未來

如前所述，生命循環冥想是對應時間軸的訓練法。色彩意識法、感覺意識法，都和宇宙流的情況相同。不過，也要同時進行八門冥想時的情景（風景）意識法。

另外，雖然稱為九星，在冥想時實際上只有八個。因為五黃是位於正中央的太極位置。而生命循環冥想並不使用五黃，所以，雖然仍舊稱為九星，事實上只有八星，這點請特別留意。

那麼就進入九星的象意。進行生命循環冥想時，由三碧（以後九星全部以正確名稱稱呼）開始較便利，以下就依這個程序說明。

三碧（東） 意味著生命的萌芽，活動開始時的狀態。以植物而言是由地下以強勁的力量冒出芽的狀態，若是動物則是指用力地從母體產下的狀態。總之，要想像物體來勢洶洶地闖進這個世界的狀態。（適於事物開端的狀況）

當然，必須配合顏色與感覺的意識。所有的九星都必須做顏色、觸覺的意識法。以下不再贅言。

四綠（東南） 是指生命接受自然的作用漸漸成長的樣子。是成長的意識。（事物順利進行的狀況）

九紫（南） 漸漸成長的生命進入最盛期的狀態。以植物而言是生長最茂盛的狀態，動物則是肉體成長最佳的狀態。（事物最繁盛的狀態，不過，潛藏著開始凋落的狀態）

二黑（西南） 想像充分成長的生命進入成熟期的狀態。亦即生育萬物的狀態，可是，在熱能方面已經開始走下坡。以動物而言是生育子孫的狀態，植物則是開花結果的狀態。（應該穩紮穩打或辛苦經營的狀態）

七赤（西） 想像成熟的生命在結果後的狀態，完成生育重責處於休閒的狀態。（處於享樂狀態，不過，也欠缺財、物的狀態）

六白（西北） 想像完全成熟的生命與襲擊而來的黑暗（死或冬天）對抗的樣子。也可想像由晚秋邁入初冬，秋高氣爽的透明天候。（可以任意推進事物的狀態。不過，也隱藏著超之過度的感覺）

一白（北）　想像失去了生命，封閉在暗黑的空間無法動彈的樣子。也可想像殘存的生命力在暗黑的空間裡呈點狀發著光亮的情景。（事物被封鎖、失去方向的狀態）

八白（東北）　想像在黑暗中生命之源走到盡頭，等待重生的狀態。（事物走到盡頭將要產生變化的狀態）

另外，五黃在此冥想中並不使用，不過，也許在練習宇宙流冥想時有所使用。因此記載如下以供參考。

五黃（中央）　五黃是位於九星定位的正中央，代表大地（二黑、八白也有此意）。其象意是靜止不動，不過含有動則釀成無法收拾的災害的意思。在氣學的九星盤上，如果中心位置的五黃一動，不僅是五黃，連其相反方向的九星也帶有破壞的象意（暗劍殺）。

生命循環冥想是由一白或三碧開始，在心中一一地描繪各種意識，彷彿錄影畫面一幕幕地前進。譬如，根據前述的意識想像人的一生或植物一年的變化、自然的推移等。

接下來介紹一則我們所練習的秘訣以供參考。

往來於時空的時間軸訓練

這是使用自己的一生（也包含架空的部分）往來於時間軸的訓練法。

①首先準備自己從嬰兒到現在的照片。譬如，一歲的自己、兩歲的自己……現在的自己。當然，時期中落也無妨，只是儘可能使之保持連貫性。不過，年輕人就沒有上了年紀的照片。不足的部分就以想像補充，也可參考父母的臉孔。

②收集好照片後回想各個時期的自己的容貌、模樣。照片的背景並不需要，只要想像自己的容貌、形體浮現在虛空中。從嬰兒期開始間隔地編排這個印象。

③當你的印象（容貌）串連起來後，讓自己的意識憑著想像往過去或未來移動。由於未來之事不得而知，所以剛開始都會在過去的時光中徘徊。

移動時並非茫然毫無頭緒。而是想像有如朦朧影子的自己，串連在虛空中的樣子，穿過連接的虛空往過去移動。換言之，將肉體比擬為時間軸上的影子，而將無形的意識當成實際的自己，做這項訓練。

④習慣之後依序往自己的過去印象移動。每次來到各個時期的印象（容貌）之處就浮現當時的風景，可以應用八門情景意識法中所使用的技巧，任意走到想去的地方後，再返回現在的自己，必須返回到現在的自己才能結束訓練。

⑤耐心地對過去做這項訓練法時，不久就會發現串連在時間未來軸的自己。這時就轉而朝向未來移動，在所設定的未來幾年後停止移動。然後試著回味那種感受。

反覆做這樣的修行時，雖然有點茫然卻能預知未來的事情。持續練習後，有一天會突然出現令人吃驚的景況。

有關這一點後面會介紹一則頗耐人尋味的實例。

訓練法的應用目標

生命循環冥想是為了以氣流掌握所有生命所歷經的誕生↓成長↓老化↓死的生命週期的冥想，所以，訓練熟練之後在這方面就能有各種的應用。

譬如，可以憑著感覺去體會生前的自己狀態或死後從肉體脫離後的狀態等。

同時，連動物或植物，甚至金屬、礦物等非生物，也能揣測它們目前所擁有的熱能狀態，成長後的年齡及今後的壽命等。

當功力更加成熟後，也能引導自己本身或事物朝向自己所渴望的氣的狀態（熱能狀態）。到此階段就能使自己或他人返老還童，甚至能使自己或別人變得老邁。可以隨心所欲地控制生命週期中的所有狀態。

要達到如此狀態必須訓練到生命循環冥想時所感應的各種感覺，譬如疼痛、懊熱或痛苦等和現實的感覺完全一樣的程度。

當這些感覺和實際的感覺一致時，再慢慢地給予控制。到了最後就能依自己的願望，產生生命循環中的特定狀態。

九星冥想的綜合訓練法

最後來介紹綜合宇宙流與生命循環冥想的訓練法。若習得此法就能自由自在地實行後面所介紹的各種應用法。

①首先，為了深入生命循環冥想中所出現的各個九星的象意，請拿著正統的

九星氣學書籍，對其象意再做深入的了解。

②接著實際地指向某個方位。這是為了確認意識中會浮現九星的那個顏色、象意。然後再拿起九星氣學的書籍，證實當天（時間）的九星方位與自己所感應的九星印象是否相同。

在這項訓練中最重要的是，不要先看九星的書籍，而要先掌握意識中的感應。

③九星的轉變是自然界的一股大氣流，所以，即使不指向某特定方位（即使靜止不動），也可以只憑意識掌握九星的感覺。習慣這個方法之後，不僅可以確實地掌握時勢的潮流，還可以洞察今後將要發生的事情。

④當完全熟悉此法時，就能隨心所欲地浮現九星的氣的感覺（只要想像顏色或象意）。到此階段，即使對自己會產生不良作用的九星的象意也可以化險為夷。

同時，也能產生某個九星的氣的感覺，任意地操縱對方（第三者）。總而言之，自己所想的事可以付諸實現。達到這個境界時，你才可以說是真正懂得運用仙道術的人。

基本的訓練法到此結束，接著就進入九星的應用法。亦即充滿神奇的仙人空中浮遊術。

仙人的浮遊術、飛行術的實態

仙人術中有兩個法術可謂仙人的傳家法寶。其一是浮遊術，亦即浮在空中的法術。另一是飛行術，這是像鳥或飛機一樣飛行的法術。

而這兩種法術有各種形態。從不利用任何道具，隻身浮遊在空中乃至騰雲駕霧、駕龍驅鶴四處飛行等不一而足。

其中最常見的是乘在雲上的類型，在仙人譚中占居多數。因此，騰雲駕霧的模式已經成為仙人空中浮遊或飛行的註冊商標。

在日本的仙人傳說中完全承襲這個道統。譬如，以久米仙人（日本久米寺開祖的傳說人物）為例，久米仙人乘在雲上俯視凡間俗世飛馳而下時，碰巧看到在河邊洗衣裳的女子光滑雪白的小腿，忍不住看得發呆，不料法術消失而從天上四腳朝天地掉到塵間……。

而被稱為日本修驗道始祖的役小角，修練「孔雀明王法」有成，也是在前鬼、後鬼擁護下架著雲四處走動。總而言之，不論是日本或中國，提及仙人的空中浮遊、飛行術，多半都是騰雲駕霧的類型。

接下來介紹二、三則中國仙人的空中浮遊例子。首先介紹的是最具代表性的葛洪的《神仙傳》中記載的一個故事例子。

東漢末年有一個名叫劉綱的縣令，他是一位非常正直的地方官員，實施善政，深獲人民的愛戴。不過，在私底下和夫人樊雲翹都是神仙術的愛好者，一有空閒兩人就較量彼此的法術功力。看誰的功力較高，不過劉綱總是略遜一籌。

譬如，當劉綱利用仙人術在東側出現大火時，夫人則在西側下起雨來，立即淹滅火勢。若於院中種一桃樹，夫人便念起咒文讓它落入箱內。即使施展同樣的法術，劉綱總是比不上夫人，另外，當劉綱在魚缸中變出一條魚時，夫人隨即變出一條水獺將牠吃掉。

有一天，夫婦兩人決定遠離塵世浮遊。劉綱想立刻升上天卻辦不到，於是攀

劉綱與其夫人乘在雲上在空中浮遊的情景。在仙人譚中這種類型佔居多數。

爬到屋頂的皂莢樹梢上，好不容易才浮在空中。而夫人只是靜坐在椅子上，隨即彷彿雲朵一般飄然地浮在空中，然後消失在高空中。

＊

以上是劉綱及其夫人的例子，從原文所附的插圖上的雲朵看來，可見是架在雲上而浮上空中的。

事實上在叫做南陽公主的仙女的故事中也有「乘雲而去……」的描述。南陽公主出生於漢朝的王族，嫁給咸王時卻碰上王莽之亂，她勸丈夫說：「情況危急我們快逃吧！」，但是咸王不聽從，於是一個人躲進山裡修練仙道，然後呼喚雲朵乘在其上而消失了。咸王在後面追趕卻只撿到一隻鞋子，當咸王拿在手上時立即變為石頭。

＊

僅次於利用雲等自然現象做空中浮遊的是以龍或鳳、鶴等仙人喜愛的動物為工具做空中浮遊的類型。這在仙人傳說中也頗為常見。

不過，和前述的騰雲架霧不同的是仙人是否真的乘在龍、鳳等動物上，倒值得懷疑。尤其是以龍做為工具的例子中疑點最多。經常出現青竹變龍、龍變青竹的例子。

在此憑空揣測並無意義，先來看看兩個實例。

首先是青竹飛上空中而變龍的故事，這是《太平廣記》記載「壺公與費長房」故事中的後半段。

費長房跟著壺公修行仙道卻無法徹悟仙道的奧秘，於是被壺公命令駕著青竹回家。費長房坐在青竹上，青竹立即風馳電掣般地飛向空中，朝費長房的家鄉而去。回到家的費長房，聽壺公的指示將青竹丟入池塘，突然波濤洶湧，一條龍隨著雷鳴衝向空中。

＊

這是空中飛行之後青竹化身為龍的故事，其次是《逍遙山萬壽宮誌》記載的，將青竹化成龍駕在空中飛行的例子。

黃仁覽是晉朝人，跟隨叫做許真君的仙人學習仙道。由於黃仁覽對仙道的奧妙已經全盤通曉，於是娶許仙人之女為妻。

後來，由於被任命為相隔數百公里的青州的官吏，只好將父母託付給妻子獨自遠赴他鄉上任。

但是，奇怪的是每到夜裡，他必會回到家中和妻子同枕共眠。

有一天晚上，他的家人聽到黃仁覽妻子的房裡傳出談笑聲覺得可疑，分明只有她一人在房裏，怎麼會有談笑聲？因此黃仁覽的母親逼問媳婦事實的真相。

她沒辦法只好明白告訴婆婆說「黃君回來了」。仔細詢問後聽說黃仁覽每天晚上都回來。

但是，母親不信一再地逼問：

「怎麼可能，我的孩子在數百里的地方當官，怎麼可能每天往返呢？」

妻子不得已只好說出實情。

「黃君是利用仙道術才能瞬間回到這裡，請母親絕對不要把此事告訴任何人。」

於是母親說：

「能不能讓我和孩子見見面？」

乘龍飛行的黃仁覽，他是將青竹變成龍而飛行，事實上這種可能性極高。

當天晚上黃仁覽回來時，妻子將此事告訴他。仁覽於是走到父母跟前說：「孩兒雖然遠赴青州任職，其實每晚都利用仙道術回家。如果此事洩露會招致災禍，所以一直沒有稟報父母。請父母替孩兒守住這個秘密。」

當時黃仁覽手上拿著青竹，結果青竹立即變成一條龍。黃仁覽駕在龍上瞬間浮向空中，隨即消失在黑暗的夜空中。

＊

由這個故事看來，龍其實是青竹的化身。換言之，可以解釋為將青竹化成龍駕在龍上騰空而飛。

既是如此，這和西洋的巫婆跨在掃把上往魔界飛馳而去的傳說不謀而合。當然，也可從另一個角度解釋成是龍變成青竹飛向空中。不過，龍本身就是騰空的動物，所以第一個想法也許比較合理……。

總而言之，從各方面追溯有關龍的空中飛行記述時，其奧妙之處並非仙道術可單純地解釋。

駕龍飛行極可能是憑藉高度技術

駕龍飛行（有時也搭乘龍以外的動物），在仙道的世界中稱為龍蹻之道。傳說中的黃帝之所以以寧封子為師，為的就是學習龍蹻之術。而且黃帝習得這套法術後，就駕著龍到四處雲遊。

那麼，何謂龍蹻之術？葛洪所著《抱朴子》中的「雜應篇」裡有這方面的記述。

「若能乘蹻者，可以周流天下，不拘山河。凡乘蹻道有三法，一曰龍蹻，二曰虎蹻，三曰鹿盧蹻。」

接著還有下面的描述。

「或服符精思，若欲行千里，則以一時（兩小時）思之。若晝夜十二時（二十四小時）思之，則可以一日一夕行萬二千里，亦不能過此，過此當更思之，如前法。」

「或用棗心木為飛車，以牛革結環劍以引其機，或存念作五蛇六龍三牛交罡而乘之，上昇四十里，名為太清。」

對於這裡所提的五蛇、六龍、三牛並沒有詳細的記載。到底是什麼動物也不得而知，不過，文中指稱只要想像這些動物就能飛向高空。

總之，這兩者都使用意識法，應可列入仙道術。但是，接下來所介紹的另一個方法由於非常合理化，從另一個角度看來，反而隱藏著玄機。

「或用棗心木為飛車，以牛革結環劍以引其機。」

這裡所指的環劍是指能繞轉的劍，也許和現在直昇機的螺旋槳類似。文中記載著用牛革把這個東西綁住，用力拉使其迴轉而升空。這一點可神奇了，因為葛洪是生長在距今一六〇〇年以前的晉朝，當時不僅沒有直昇機，連汽車也沒有。

這個飛車的操縱法似乎非常困難，還附帶有注意事項。

「其高下去留，皆自有法，勿得任意耳。若不奉其禁，則不可妄乘蹻，有傾墜之禍也。」

意即「飛車的上昇、下降、行進都要依法（操作法）進行，絕對不可任意操作，如果不遵守注意事項，不可搭乘蹻。否則會倒翻墜落。」

從這段記述看來，這已經不是什麼法術，而是具有物理性根據的機械工具。如果真有這樣的東西，也許必須改變仙道術乃是法術的觀念。

不過，這已超出本書的主題，所以不再深究，也許仙人們的腦筋遠超過我們想像的聰明。希望各位能謹記這一點。

氣功法也可以實現瑜伽的空中浮遊

那麼，接著就介紹幾則古代中國仙人的空中浮遊例子，再談仙道術的空中浮遊技巧。望文闡義，空中浮遊是指人或物體浮在空中的現象。

當然，空中浮遊並不如想像中的簡單。根據其浮遊的方式可分為跳躍式和飄浮式。

所謂跳躍式是練習瑜伽者常做的空中浮遊的方法，保持坐的姿勢後突然彈跳起來，隨即又落在地上。這個方法只能浮在空中而不能在空中保持靜止狀態。

所謂飄浮式是咒術或超自然現象所見的空中浮遊，浮在空中後能保持靜止狀態。其特徵是不拘任何姿勢，坐著或站立的狀態都可浮在空中。

以我們練就仙道的人來看，這兩種方式在技巧上似乎完全不同。

以筆者的經驗而言，跳躍式彷彿是根據某種運動能力。因為若使用氣功法的技巧，就能簡單地做跳躍。

譬如，筆者從前熱衷於外功（氣功法）時，曾經當做遊戲在桌上與地面間來回移動，做法是採取抱著腳坐在地上的姿勢，時而飛上桌面時而落在地板上。

據修練跳躍浮遊法者所言，節制與意識法非常重要，但是，練習氣功法的我們幾乎沒有這些限制，隨時隨地在任何狀況都能練習。

要領是把氣不停地運送到腳部。持續運氣時會有一股想跳起來的衝動，這時只要依感覺行事就能浮在空中。

如果你對跳躍浮遊有興趣的話，最好在腳部練氣，亦即做氣功訓練法。若是仙道則適合動功（尤其是飛龍）的訓練法。

而最具效果的是中國的武術，尤其是輕功（讓身體變輕而飛上天空的訓練法）最有助益。在正統的拳法家中，有許多人不論採取任何姿勢都可以隨心所欲地浮起二、三公尺左右。以我為例，保持站立的狀態不必彎曲膝蓋也能一一地跳過自行車往前行。

從這些例子看來，跳躍式的浮遊似乎不是法術或超能力，而是屬於一種運動能力極限的技巧。

相對的，飄浮式的原理就完全不同了。因為即使我們的氣功法練得爐火純青，也絕對不可能在空中保持靜止不動。

我認為這已經完全屬於法術的領域，若不運用法術的技巧根本辦不到。而且根據筆者的經驗，雖然看來像浮在空中，到底是不是真的浮起來仍是個問題。換言之，在視覺上看來像是浮在空中，實際上卻不能確定是否飄浮在空中。

姑且不論其中的曲直原委，接著就來談我們所經驗的空中浮遊，尤其是飄浮式的現象及其施行要領。

我們首次目睹這個現象是在製作遁甲布盤時。這比遁甲冥想盤還大，可坐一個人。因為遁甲布盤會散發強大的氣，我們就是坐在其上練氣。

當時，小須田先生的太太坐在遁甲布上，進行練氣的訓練法。

坐在旁邊的我們察覺到一個奇妙的現象。坐在遁甲布上的小須田太太的身體忽隱忽現。有時是頭部，有時是半邊身體忽而消失忽而又出現。

不僅如此，我們還看到奇妙的狀態。她所坐的遁甲布盤和她一起上浮數公分（最高時約十公分左右）我們以為是自己眼花了，於是問她：

「真奇怪，妳好像和遁甲布一起浮起來了，難道沒感到什麼異狀嗎？」

結果她竟然回答：

「是啊，我也有好像身體浮起來的感覺。」

於是我又問她：

「我想再確定一下，你能不能想像自己坐在遁甲布上往前後移動的樣子。」

結果她和遁甲布一起移動的現象果真反覆地發生。彷彿她和遁甲布是浮在空中移動的樣子。

不過，這種現象並不是經常發生，而是在極為偶然的情況下產生。只有仙道術體系化之後，才能看見安定的飄浮狀態。

不久，即使不利用遁甲布也能出現在空中浮遊的現象。換言之，只要運用意識法就辦得到。

譬如，靜坐在牆壁等處，想像自己騰空而上的情景時，別人就會看到這種現象。雖然無法想像浮遊至一公尺高的上空，但是，若是數十公分左右，不但自己會有昇華而上的感覺，別人也會看到這個現象。

空中浮遊會產生仙道術的空間

做這些訓練時，有一天突然看見一個非比尋常的現象。我把一個洋娃娃放在一個攜帶用的小型遁甲盤上時，它卻浮在空中。

而且是浮在大約二公尺高的地方，幾乎接近天花板。

看到這個現象的人，除了我之外，在場所有的人都親眼目睹到。

洋娃娃的空中浮遊或許不足為奇。後來，又有一個更奇妙的現象在我的身上發生。

有一次我和有志之士做進入異空間的訓練，我先讓他們運用內功、外功充分增強功力後，在變化空間時突然產生了飄浮的現象。

這時我手上拿著九星結繩。這是利用繩索表示九星氣流的動向，從九紫到一

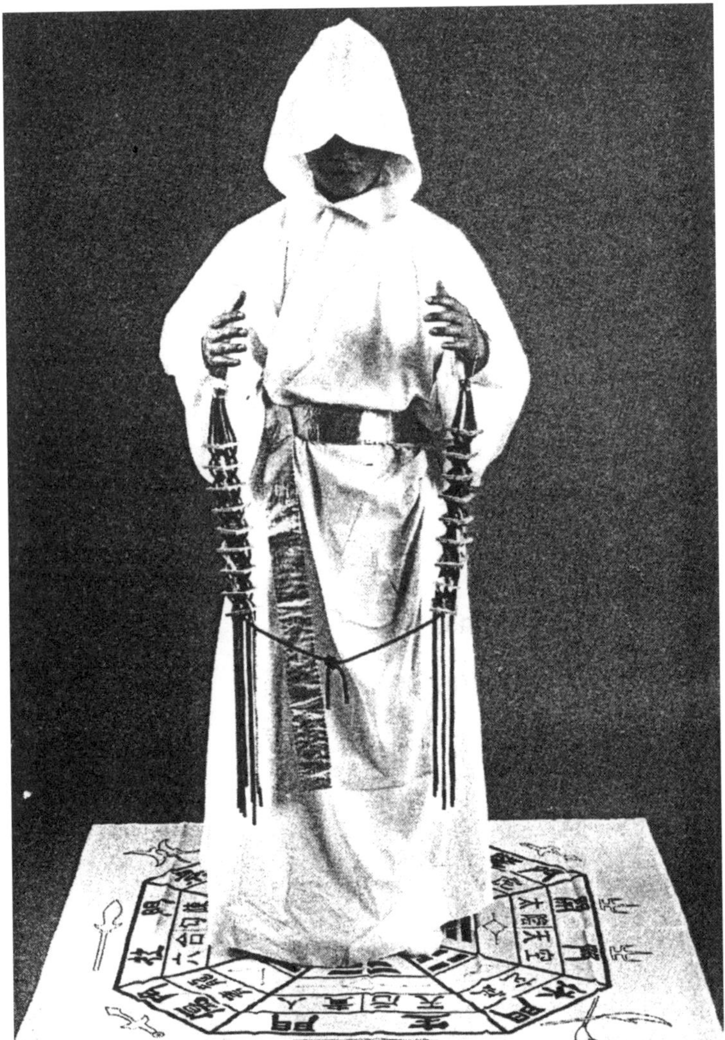

利用九星結繩的訓練法。在左右手所拿的兩條九星結繩之間利用意識法運氣循環。

白，一白到九紫，根據氣學（應說是遁甲）的原理打結而成。

它的形狀彷彿把許多圓圈串連而成。九星結繩由一白往九紫（最上方是一白，下方是九紫）扭曲而成的稱為陽遁，而由九紫往一白扭曲而成的稱為陰遁。右手拿陽遁，左手拿陰遁，陽、陰遁的下方綁在一起，運用意識法將氣傳送在陽、陰遁所結成的繩圈之內。

當我利用這個小道具做氣流循環時，突然發生了奇妙的現象。我的眼前出現一道白茫茫的霧氣，整個空間扭曲起來。就在這個同時，在場的修練者說出令人不可思議的事。

「奇怪，老師浮在空中了！」

據說我手上拿著九星結繩浮在一公尺以上的空中。我自己並沒有實質的感覺，只是空間呈現扭曲的形狀。

後來不知何故大家都說身體覺得不舒服。那種不舒服並非心情上的問題，而是實際覺得想吐，甚至有人覺得彷彿什麼東西哽在喉嚨。

也許是空間扭曲的結果，影響到認識空間的器官（大概是在腦中某部），造成暈車的狀態吧。

由於我是操縱法術者並沒有受到太大的影響。但是，多少也有嘔吐的感覺。也許空間的扭曲非常嚴重，過去從來沒有這種現象。

我詢問他們有什麼樣的感覺，他們說四周的光景彷彿湊在一起。其中還有人說宛如置身於一切消失的場所。個人的感受不一，而更嚴重的是還有人說看不見腳底好像浮在空中。事實上我想拉他們的手離開也站不起來。

最後總算讓叫做鈴木的先生站起來，用力拉著他的手往前走時，他卻叫著：

「看不見腳底。好像走在雲上，好恐怖！」

這個感覺一直持續到我一一把他們帶回遁甲布上，替他們解開這個法術為止。我詢問他們當時的感覺，據說在空無一物的空間只看到我的手，感覺自己的手被抓住，於是順著拉力過去，就看到遁甲布，坐在遁甲布上時原來的風景也剎時恢復過來了。

在這種奇妙的現象之前或後經常會目睹到空中浮遊。由此可見，所謂飄浮式的空中浮遊是一種法術的特異現象，可以製造隱形術中所出現的奇妙空間。

利用仙道術的空中浮遊（飄浮式）技巧

經驗談就到此為止，接著來談利用仙道術的空中浮遊技巧。其中包括利用八門的方法與九星，以下依序做介紹。

利用八門的空中浮遊

①首先任意選擇八門的空間。法術以開門最適合，不過，有些人利用生門或景門反而更能增強氣流。總而言之，只要使用日常訓練而習慣的八門。

②充分地強化空間之後想像乘坐在同樣大小的遁甲冥想盤上浮在空中的狀態。每天反覆做這樣的意識法，最後再想像在現實的場所空中浮遊的樣子，試試看能否看得到。若已經強化八門的氣，意識鍛鍊也已經成熟，在別人面前應該就會出現空中浮遊的現象。

另外，使用同樣大小的遁甲布時，比只利用意識法更能輕易地達成空中浮遊的現象。反觀中國仙人的例子，都是利用青竹等道具做空中浮遊，利用具有神通的道具與意識法相配合，的確較能輕易地浮現在空中。

但是，這個方法很難收集到道具（具有神通者），因此不必在道具上費心。若無論如何想利用道具者，則可使用曼荼羅或魔法陣、神祕圖形等道具。

不過，這些道具的神通若非常廣大，恐怕做空中浮遊時會被帶往某處而回不來，必須特別留意。

利用九星的空中浮遊

以上是利用八門的方法，九星的做法和八門則有極大的出入。其做法更物理性、現實性。方法如下。

①首先請觀察修練此術的房間的氣流狀態。然後找尋一處與自己的氣最搭調的場所。該場所是自己的氣會自然地增強的地方。

②找到適當的場所後注視該空間的顏色。若充分地做過九星顏色意識訓練法的人，應該能輕易地一眼洞穿，若辦不到則利用靈視的訓練法，不久就會找得到。

③利用九星的某個顏色做空中浮遊訓練時，不久就會輕微地浮在空中（浮上來的感覺）。

④對你而言，該顏色是最適合做此項訓練法的九星顏色。一再地增強氣流使空間變形。

⑤當氣流十足地強化後，接下來的做法就簡單了。只要想像空中浮遊的情景，慢慢地就會浮起在空中。有些人即使不運用這樣的意識法，也能產生浮現在空中的現象。

＊

根據筆者的調查，世界各國的咒術師都運用同樣的手法。

舉例而言，從前在日本的電視台有一個節目叫做「超常現象的世界」。該節目曾經播放一名非洲的咒術師在地面畫一道直徑二公尺左右的火圈，符咒師隨即浮現在空中的情景。

根據旁白所言，咒術師首先花費數日尋找所謂的「力場」。在節目裡還播放咒術師拿著木棒一整天盯著地面找尋力場的樣子。

非洲的咒術師所施行的空中浮遊（取自節目「超常現象的世界」）。

乍看之下顯得極為滑稽，不過，據說這是施展空中浮遊術所不可或缺的。因為找不到力場就無法實行空中浮遊。

這裡所出現的火圈似乎是為了增強能源，把火的熱能覆加在大地熱能上，利用這股強大的熱能才能飄浮而上。

另外，著名的文化人類學者——卡爾羅斯．卡斯塔尼達（研究墨西哥、印地安的法術）的著作中雖然沒有提及空中浮遊，卻有力場的描述。

據說，對咒術師而言，力場是非常重要的場所，是做為施行咒術的訓練及施行各種法術的地方。

有趣的是力場似乎可以從視覺中掌握，據說它的顏色與其他的空間不同，顯得閃閃發亮。這似乎暗示著九星的顏色，這一點頗耐人尋味。

總而言之，從結論而言施展空中浮遊術時，若能使用八門與九星兩者的力量，應該會有更好的成果出現。換言之，利用九星的技巧製造空間，再利用八門的意識法進行空中浮遊。我認為才是施行空中浮遊的最大秘訣。

第四章

仙道術所造成的物理怪異性現象的超常世界

氣候與仙道的力量具有神奇的雷同

在前章我們一邊介紹古代的仙人術，並從中談論與之配合的仙道術的各種訓練法、技巧等。

不過，在第四章我想稍微改變文面旨趣，來談談筆者實行仙道術時所體驗的各種神奇，而令人難以置信的物理性怪異現象。

其中包括氣候制御等屬於仙道術體系延長線上的現象，不過，這些多半是偶然出現的情況。總之，各個情況都顯示出驚人的物理現象，因此全部歸納在此章裏而命名為物理性的怪異現象。希望修練者務必得知在練習仙道術時會經常出現這類現象。

首先來談氣候制御的體驗。

我很早就留意到仙道與氣候之間的關係。這是循序漸近般的體會，已經記不得是何年何月察覺到這一點。大概是從一九八〇年初開始注意到氣候制御的現象。

當時我還住在東京的足立區，和對仙道有興趣的人在附近的公園練習外功法（氣功法）。察覺到氣象制御的起源，是我發覺每次到了練習日天氣都非常晴朗。

每個月一、二次在戶外做練習，但是，持續二、三年來只有數次碰到下雨天。即使是下雨天，當開始練習時，雨總是無緣無故就停止了。

因此，參加練習的人即使碰到梅雨季節，也會半開玩笑地說「我們去練習仙道吧，這樣天就會放晴了」，於是大家就到公園去。事實上這些玩笑話都應驗了，一到公園就不下雨了。

雖然有這樣的體驗卻不把它當做一回事。直到各地方的有志之士，邀約成立集訓式的練習後，才察覺到不下雨似乎並非純屬偶然。

第一次是受四國的同好者邀約在高知的山裏採集訓式的練習時，突然警覺到仙道與氣候的因果關係。

由於集訓是早有的計畫，日程正好碰到颱風來襲之日。根據氣象報告在集訓的第二天颱風就要登陸。

在颱風天做練習並不恰當，雖然一切已準備就緒，事到如今也無法更改，只好依計畫進行。但是在集訓的前一天，卻下起了傾盆大雨，雨勢一發不可收拾，而我只是輕鬆地認為大不了就在房子裡練習。

集訓第一天早上，我打算開始練習，抬頭看看天空已是雲消霧散。於是走到戶外開始練習氣功法，一部分的人練習內功，專注地做呼吸法。

總而言之，整個上午大家都在鍛鍊陽氣。因此，在中午以前也許是山氣過於強烈吧，體內的熱能高漲，個個神情極為愉快。

在這過程中雖然時而下起驟雨卻常放晴，根本不像颱風將要來襲的樣子。於是第二天向氣象台確認，才聽說颱風在海面上滯留不前。

第三天、第四天，一直都是晴天。雖然有驟雨但大多是西北雨，從未見傾盆大雨。

但是，當集訓練習平安無事度過，我們搭飛機返回東京時，颱風立即襲捲本土，帶來蓬勃的雨勢。

在訓練時有過這種經驗的人，都開玩笑地說「又天晴了」，其實大家在心裡面都認為天氣好轉是偶然吧。

但是，我卻覺得也許仙道的力量和天氣有某種利害關係，於是以他們為對象做了一下實驗。

我告訴他們說：

「現在我從手掌散發出氣，看看能否使天上的雲消失，你們仔細地瞧。」

我手指著天空的一片雲，手勢由右往左切。

十分鐘左右，不知是否是我的手勢所影響，那片雲朵分成兩半。當我持續地做同樣的動作時，那片雲變得支離破碎，然後完全消失了。那天之後好幾次做這樣的實驗，結果每次雲朵就消失無蹤。

我自己也覺得奇妙，但是，卻無法拂去這是偶然的想法。

幾年後，在關西的同好們邀約下，在伊勢舉行集訓練習。這時也發生了同樣現象。

那一次的集訓雖然沒有碰上颱風，卻是有整日下不完的雨，另人擔心是否要照常舉行。不過，至少可以在房間裡練習氣功，於是仍然照計劃進行。

集訓練習的前一天，我由東京搭電車趕往伊勢，整天依然細雨綿綿。不過，隔天開始練習時，雨停了而且出現白霧。大家心想這種天氣大概無所謂吧，於是到戶外練習氣功法。練習一段時間後，隨即產生陽氣，就在此時，天空突然放晴了。

我又開玩笑地說：「天晴了啊。我以為從事仙道的人都是些不中用的人，看來我們還有點希望啊。」結果當天一整天都沒有下雨。

隔天的情況更好。也許是昨天充分地發散陽氣的關係（？）天空轉晴氣溫節節上升，連日來的長雨到底到哪兒去了？

到了最後一天，我突然想到再做一次切雲的實驗。因為我想天氣轉好時，這個法術也能奏效吧。

我讓參加者聚集在房內，然後朝向從窗口可見的低矮山上的一片雲朵，從手裡散發陽氣往雲朵切割而去。大約十分鐘後，那片雲朵真的切成兩半。

於是，我想讓參加者全體也試著做切雲的法術。很可惜的是幾乎所有的人都辦不到，只有其中幾個人成功，尤其是由京都前來的鈴木先生很巧妙地切割雲朵，並且使該片雲朵消失。

四天的集訓轉眼即逝，回家時天氣又轉壞。回到東京後當地又連下了數天的雨。

雖然如此，當時對於天氣與仙道力量的關係還沒有十足的確信。只是以為大概是心理學家雨果所謂的「同時性」的現象吧。不過，由於頻率過高，每次都因這個偶然而大為驚訝。

根據氣的念動實驗制御所有事物的要訣

但是，後來根據各種事實我發覺這絕非偶然的現象。

引起我這種想法的是利用氣的能力所做的念動實驗，我發覺每次玩弄市面上的各種念動器材進行實驗後，必定會出現奇妙的現象。

實驗完畢和志同道合者到咖啡店裡，當我坐在椅子上時，身邊的盆栽或頭頂上的裝飾燈等會突然輕輕地搖晃起來。若是小東西倒不足為奇，但是連數十公斤重的裝飾燈竟然也搖晃起來。

如果這種現象只發生一、二次，也許是偶然或風吹的。但是，每次實驗後我的頭上或旁邊的東西就會開始搖動，這就無法再說是偶然的現象了。

我覺得事非尋常，於是仔細地觀察，結果發現當我坐在咖啡店裡一會兒之後，物體會搖動起來，尤其是和朋友聊的正起勁時，晃動的更厲害。不過，沒有做念動實驗時鮮少看到這些現象。

記得以前住在足立區時，曾經親眼目睹過數次將自己的氣傳向大樹時，樹枝沒有受到風的吹襲也會晃動的情形。同時，在台灣、新加坡等地也曾經用手掌傳出的氣移動神像之類的東西。當時以為是一種錯覺，現在回想起來並不單純。

因為事實上這些物體都因為我的關係而移動。已經不再是偶然的現象。這是數人乃至數十人親眼目睹的事實，所以，毫無疑問的是一種物理現象。

當我這麼想之後對這種現象已經沒有任何疑慮了。經歷過這麼多體驗，已經可以證明這是氣象制御的能力而非錯覺。

從此之後，一有機會我就試著做切雲的法術。而且我發覺這個原理和仙道的其他技巧（念動實驗等）是一樣的。

雖然一方是眼前的物體，另一方是天空中的雲朵，對象並不相同。但是，除了距離的差別之外，毫無疑問的都是物理上的現象。

以距離而言也是一樣。二人在相距數公里的地方做氣的傳送實驗時，雙方可以確實地感覺到氣的循環，因此，雖然離地面數百至數千公尺的雲朵，其實也並非遙不可及。相反的，由於雲朵的質量較稀薄（雲是水滴的集合），或許雲朵還比其他東西更容易控制。

總之，學會控制法之後，雲朵和其他物體一樣也能輕易地控制。

進行這些實驗時，慢慢地會發現不僅是雲朵，任何東西都可成為控制的對象。

譬如，朝地面或地板做制御的實驗時，會出現彷彿地震的現象。只憑一隻手就能讓水泥柱或大樹、建築物等晃動起來。

當然，絲毫不需要力氣，甚至可以說力氣反而會造成阻礙。只要從手發射出氣，或利用意識力做這樣的想像對象就會移動。

練習這個控制術時，必須注意三個重要的要素。

其一是天候的狀況。

譬如，天空沒有雷雲時根本無法控制雷。另外，連續數天的晴朗日子，拆散雲非常簡單，製造雲就相當困難了。原因是天空的陽氣過強，會產生消滅雲朵的作用。換言之，若不配合天氣的狀況，就難以發揮效果。

其二，人和天的要素也有匹配的問題。

譬如，與風的相性較佳的人就能簡單地控制風。與雲的相性較好的人對切雲的控制較得心應手。找出自己與天候的相性是儘早習得此術的要訣，這稱為「天的要素」。

另外還有一個問題是施術時的土地狀態。如果是熱能極強的場所，接納其所散發的氣，就能輕易地發揮控制術的效果。這和大地有極大的關係，稱為「地的要素」。

其三，是施術者的狀態。

施術者的氣非常強盛，而且經常鍛鍊意識集中法、意識法的人越能發揮效果。其中最重要的是施術者的體內必須充滿陽氣，陽氣越強成功率越高。

在四國、伊勢集訓時，我們的陽氣非常強盛，因此對天候造成了影響。換言之，仙道內功的功力越強的人越容易成功。這稱為「人的要素」。

若能顧及天、地、人等三要素，就會有非常明顯的成果。極端地說，即使不必刻意施展此術，也能任意改變天氣狀況。當然，此天、地、人三要素並非絕對性的關鍵，只要齊備其中的兩者，就能發揮十足的效果。

因此，接下來就為各位介紹我們施行氣象制御的情況及其應用技巧。

切雲實驗果然奏效

接著所介紹的是我和一個叫池淵先生的人，為了訓練氣象制御，到箱根的山上所發生的事情。

當天是多雲的天氣，早上九點左右我們二人從新宿搭乘小田急到箱根。在車內我看了一下天空，對池淵先生說：

「如果你的仙道之氣充足，到了箱根就放晴了。否則最好打消這個念頭。」

我之所以這麼說是因為對首次施行此術的人而言，施展此項制御術時，最重要的是必須配合天（當天的氣候）、地（氣的狀況較好的場所）、人（該人的能力）三個要素。

如果缺其一，原因多半並非出自天、地的因素，而是本身的能力還不足夠。我認為當事者所鍛鍊的未知能力，會製造「對天」或選擇「對地」的條件。

到了箱根時，天氣狀況並不太好。但是還有時間。因此我們決定搭乘巴士到元箱根，四處尋找適合修行此術的場所。我們到蘆湖附近去看，也上山找尋，步行物色適當的場所。

我們花了一個鐘頭以上找尋場所，最後在山腰的一處小高地上找到一處最好的場所。那裡彷彿是一座公園，後面是山，前面是湖面，而且還可遠眺箱根全貌及富士山的綿延山勢。由大地吹襲而來的強盛地氣更是無懈可擊。

也許是四處走動的關係感覺非常熱，抬頭一看，天空的雲層不知何時已經消失，太陽在高空正發出炙熱的光芒，原來熱的原因並不完全是走動的關係。不知何時他已經巧妙地佈置好施行氣象制御術的舞台。

於是我們二人首先站在該地的最佳位置，儘量吸收地氣，接著我開始施行風的控制。我和風的相性似乎較為匹配，立刻就能給予控制。而操縱風向最適合做為此術的軟身運動。

我伸手指向我想讓風吹的方向，由上風往下風的方向緩慢地移動。譬如，若想讓風由東往西吹，就伸手朝向東方，手掌朝西方，往西的方向做出煽風的動作。

這時，意識法非常重要，必須栩栩如生地想像風由東吹向西的樣子。持續一會兒，會慢慢地感覺到風從手動的方向吹起來了。

只有像我們這些完全習得氣象制御術的人，才能只運用這個技巧就可自由自在地喚起連第三者也能清楚感應的風。

開始操作此術的人，由於力道不足，成果往往不顯著。因此，場所的氣更形重要。

當地氣非常旺盛時，站在該位置的人的氣也會暫時地增強，誇張地說，甚至可以與天的能量對應。

當然，若要達到這個境界，必須完全學會仙道中所謂氣的控制或意識法等。修行不夠的人即使找到能散發大地之氣的場所也難以成功。頂多只是天氣轉好而沒有任何結果，練糟了恐怕會遇到惡劣天氣，連訓練也不可能。

言歸正傳。接著我又試著改變風的強度。改變風的強度時必須將手掌晃動的速度增快，持續煽風的動作之後，一股極為清楚而強烈的風會往晃動的手掌吹襲而來。

這時，我朝池淵先生的臉孔送出一道強勁的風。也許是風勢強勁，霎那間他幾乎想要撇過臉去，最後我又喚起一陣龍捲風在他的四周來回運轉，仔細一瞧，地上的草因龍捲風的吹襲而搖動。

若想吹起龍捲風，可依下列的方式。

首先，利用手掌或一根指頭，朝想要吹起風的場所不停地劃圓。當然，在意識上也要強烈地想像旋轉的風吹起的樣子。我就是依這個方式朝池淵先生喚起龍捲風，所以在他的四周產生了風。

我也讓他試著做同樣的技巧，但是，也許是從未做過而效果並不好。因此，我要求他從腳尖儘量吸取大地之氣。結果仍然不行，於是叫他再吸收，反覆數次之後終於成功了。不過他似乎和風的相性不配，並無法像我一樣自由地操縱。

於是轉而做切雲的實驗，因為天氣已經晴朗，天空裡稀稀落落地飄浮著雲朵。這種狀態最適合做切雲的訓練。

第一個目標是浮在西邊天空的三片雲朵。我將手指朝向其中的一片雲。切雲有各種方法。當對象較小時，只要手指向雲朵上下左右地擺動。這個動作較容易找到切割的方向。

手的形狀是食指與中指併攏伸直，或五指伸張的狀態。

當然，只是將手朝向天空並無法切割雲。切割雲時必須從指尖發射氣，並將該氣傳達到雲朵。當雲朵與指頭之間有氣流感應時，再開始做這樣的手勢。

當持續地揮動手發現雲的某特定部分切開或變薄時，接著就以該位置為中心，做重點式的攻擊。這時的要領是運用意識法想像雲朵漸漸分散的樣子。

在施行切雲術時最忌諱在腦中思索到底是憑自己的氣力切割了或純屬偶然。若有這個念頭一定會失敗。

那一天我的切雲術進行的不太順利。雖然雲朵切成兩半，卻不怎麼俐落。但是，我示範了三、四次後便要他自己試試看。

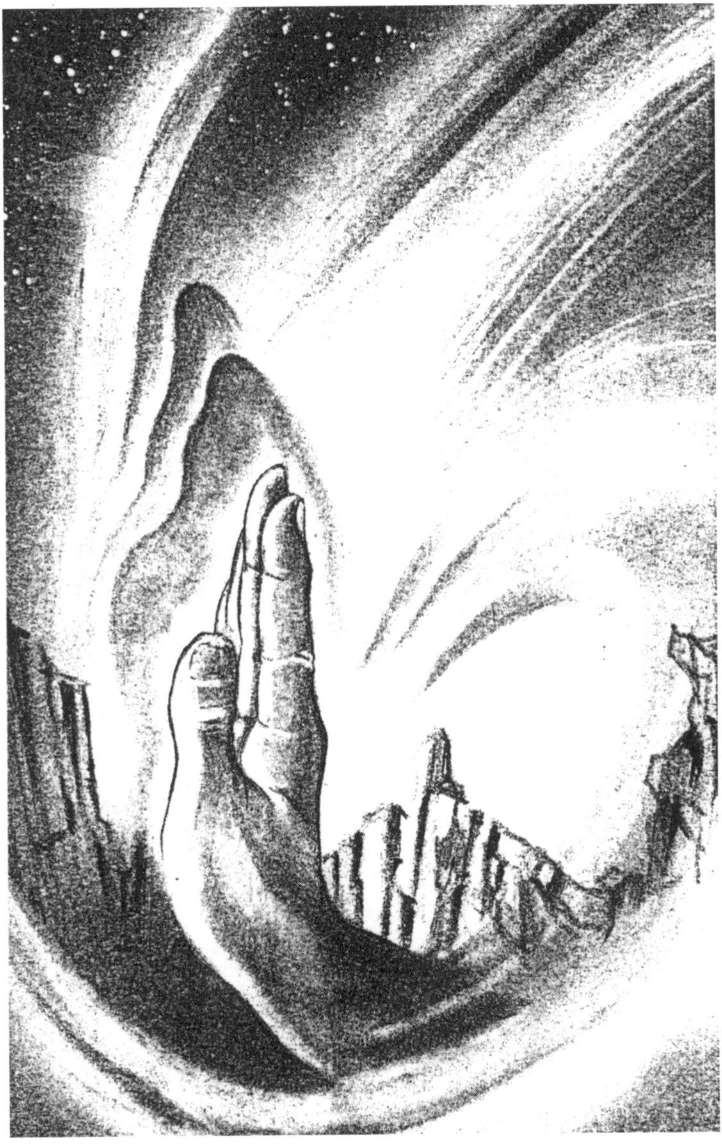

池淵先生於是再次盡力吸收大地之氣，將焦點集中於西邊山上的一片雲，因那片雲正往我們這裡飄來。

他上下快速地晃動手指，雲朵隨即切成兩半，比我示範的更好。他似乎和雲的相性頗為匹配，僅只三分鐘便將雲朵切成兩半。

池淵先生看到這景象，也許覺得有趣吧，立刻又將切成兩半的雲朵用指頭比劃，雲朵於是變成三片、四片。雲朵切成碎片時，彷彿裂開的感覺，他的手一再地晃動，隨著手的晃動，雲朵的碎片漸漸變小，最後就消失了。此過程僅僅十分鐘左右。

他又將手指向另一朵雲。不出數分鐘就將雲消滅了，令人佩服的是他不僅是切割雲朵還消滅了雲朵。

我們二人持續地做切雲術時，附近的雲不久就完全消失了，這個光景實在令人不可思議，雲事實上被我們消滅了。

後來，據說他在自宅附近的公園練習切雲的技巧時，碰巧天空浮現雷雲，於是伺機練習雷的控制術，結果雷一再朝自己逼近，他嚇得趕快逃回家。由此看來他似乎掌握了要領，只要找到適當的場所便能做切雲術。

至於雷的控制技巧是，看到閃電二、三次後，將指頭朝向雷雲，往自己想要打雷的地方移動手勢，不只是移動手指而已，要帶著彷彿閃電落地的感覺，晃動手指時要稍微帶著振動。

當然，池淵先生之所以會造成雷往自己逼近而來，正是他的控制術還未成熟的證據。如果不趕緊停止而持續做雷的控制術時，雷一定會落在他的身上。所以，控制術尚未熟練時，各位可千萬不要接近練習者。

電視塔台因仙道術的力量而移動

氣象制御術之後，我們來談大地熱能控制法。有關這個控制法也有許多驚天動地的實例。接著介紹兩則印象特別深刻的例子。

很久以前，有一天我在冥想中不經意地晃動，結果整個房間都跟著擺動。當時因為是自己獨自做訓練，因此覺得半信半疑，以為也許是錯覺。

但是，在伊勢集訓完後，在名古屋的研習會中，我才明白這是實際發生的一種物理現象。因為不僅是自己本身，連他人也確實地感到搖晃。當我在研習者面前做此練習時，研習者紛紛叫嚷著房子搖晃起來了！榻榻米也上下地浮動！

但是，在此階段大家都是從事仙道的人，也許是為了更清楚氣的感覺而產生的同調反應。因為和他們一起練習氣功法時，感覺會彼此相通而有同樣的舉動。

不過，不久之後證實這個現象既非錯覺也非同調反應。因為和仙道毫無瓜葛的旁人確實地感覺到我所造成的地震般的現象。

那是在東京御茶水的某咖啡店和叫做小林的弟子談話時所發生的事。

當天我總覺得體內的氣過剩，忍不住想要晃動身體。於是和他談話之間從腳尖將過剩的熱能傳送出去。

但是，當體內充滿熱能時，禁不住又想晃動身體，於是便用力跺腳並晃動身體。我並非刻意地做這些動作，只是忍不住做這樣的動作而已。

剛開始並沒有特別的反應，不久卻感覺彷彿和大地合為一體，於是我暗中使用與大地一體化的意識法，結果振動由自己身體傳向四周。我問小林說：

「你知不知道現在地面像輕度地震一樣地搖晃著？」

令人吃驚的是，他竟然回答說「是的」，並說出自己的感受。就在此時，坐在相隔十公尺左右的一群女孩子，突然嚷著說：

「喂！是地震嗎？地上在搖喔！」

我聽了之後嚇一大跳，趕緊停止意識法。結果異常現象立即消失了。

但是，看到和從事仙道的我們毫不相干的第三者竟然也能感覺到搖晃，於是確定這毫無疑問的是某種物理現象。

如前所述的這種法術不僅能使地面搖晃，如果把身上的氣朝向牆壁或大樹，搖晃的情況更為嚴重，而且波及數十公分之遠。

接著來介紹有關此術的恰當實例。

地點是在新加坡，時間是一九九〇年的年底。

我們一群仙道同好者，從一九八五年左右開始好幾次在新加坡集訓。因為當地的天氣、地氣都非常適合修練仙道之氣。

其中兩次只是為了集訓外功、內功，而第三次也讓想訓練地氣控制術的學習者參加。因為在前兩次的集訓中發現適合練習此術的場所。

我們所找到的地方以風水而言正處於龍穴，有極為強烈的地氣。

至於詳細的地址，在此保留。因為這種場所應該是施術者運用自己氣的能力與直覺去找尋。連這一點也辦不到，大地控制術也難以成功。

不過，在此文章中穩藏著許多玄機，有人可藉由推測而找到龍穴之地。

在此不多作贅言，我們到達新加坡的隔天就趕往目標之地。當時在出發前也是多雲的天氣，到達目的地時雲層已經變薄了。

剛開始我教導前來練習內功、外功的人，利用該場所的地氣練氣的方法，然後走到以地氣控制術為目的前來的人集合的地方。由於工作的關係，僅有三個人參加。

我帶領他們爬上龍穴的中心點。

從該處俯瞰新加坡的街道，街道的前面就是大海，天氣已經大為好轉，是晴時多雲的狀態。

我們站在龍穴的中心，開始練習控制術。

首先練習氣象制御術中最簡單的風的控制術，我們全體都輕易地辦到了。

接著就進入地氣的訓練法。

首先我們利用龍穴的強烈地氣，使大地震動的訓練。

①充分地將大地之氣吸入體內，到達飽和的狀態時，把自己的意識深入大地之內。然後把大地與自己的感覺結合在一起，再徐緩地讓自己的身體做前後的擺動。這時若一直保持著與大地之氣結合一起的感覺，該場所會彷彿地震一般地搖晃起來。我們三人都確實體會到搖晃的感覺。

②腳底做連續的振動，產生輕微的顫動。做這個練習時有如正在做土木工程一樣，地面如雷達式的震動。當我施行此術時，其他三人都被我牽引而不停地晃動身體。

我做了示範之後，讓其他三人練習三十分鐘左右，結果大家都能掌握到要領。

最後，走到一棵四人合抱的大樹下，試驗他們是否已經學會大地制御術。

那是一棵樹齡數百年，高達十五公尺的大樹。我們打算利用大地的熱能晃動這棵樹。

其實，我本身從未搖動過這麼巨大的樹木，內心頗為懷疑。但是我又認為既然大地都晃動了，地上的樹木不可能靜止不動。於是雙手按在大樹上，運用使大地震動的要領做前後的擠壓。

這時的要領仍然是意識法，只要栩栩如生地想像樹木搖動的樣子。當一再地施行意識法並從手中不停運氣時，巨大的樹木突然以數公分的弧度搖晃起來。持續地做此動作時，大樹上頭茂密的樹葉發出沙、沙的聲音抖動起來。

到了這個地步，幾乎不必增加力道只稍微晃動手勢，大樹就以十幾公分的弧度來回地搖擺起來。有趣的是經過附近的當地人，帶著彷彿看見怪物的訝異眼光注視著這個光景，大家慌張地趕緊快步的離開。

我讓同行的三人也做這個練習，他們也隨即就辦到了。這是理所當然的。因為這並不是利用他們本身的能力搖晃大樹，而是利用大地的熱能。他們只不過是與地氣的力量同調罷了。

晃動樹木之後接著向切雲挑戰，很巧的是大片雲層不知消失在何處，天空中只殘留著一片片小的雲朵。若是大片的雲由於其形成的熱能過強，初學者很難給予切割。

剛開始我先做示範，我的手指朝向西方的一片雲，成箭形發出體內的氣。結果隨即感到與那片雲連接成一體。於是縱橫地切割兩道。

如前所述，切雲時要從各種角度比劃，找到最容易切割的地方再重點式地給予攻擊。當時我也找到那片雲的弱點，重點式地進攻後隨即分成兩片。

我教導他們切雲的要領後，讓他們實際的操練，結果都能輕易地將雲切成兩半。

也許是氣象訓練的關係，不知不覺中天氣已經轉晴，天空中也找不到成為目標的雲朵。於是我們在天空四處找尋，碰巧發現山丘上電視塔台的對面有一兩朵雲片，我想把它們消除。

要領很簡單，只要將手指向雲朵做出消滅的動作，持續不斷地切割。

但是，儘管我不斷地揮動手勢，那片雲始終安然無恙。當時只感到有一股沉重的感覺傳到我的手掌，我只好用雙手朝那個感覺用力拉，然後使全身充滿氣流，雙手不斷地搖動。因為利用這些動作可使雲朵破裂而分解。

持續十至十五分鐘，但是雲朵仍然存在。

由於我正在示範，碰到此情況著實焦急不安。但是，就在此時大家異口同聲地叫嚷著：

「老師，電視塔台搖晃起來了！」

連我自己也嚇一跳，仔細一看在山丘上的電視塔台隨著我的手的動作，前後搖擺起來。難怪我覺得有一股沉重的拉力。因為我所發射出的氣受阻於電視塔台，無法傳達到天空的雲朵，而且我的氣正拉扯著電視塔台。

看到這個神奇現象，連我都驚訝的啞口無言，我已經不敢再持續這個訓練法了。

由於我一直做地氣控制術，因此我所發射出的氣，似乎只對安置在地上的電視塔台發生作用。

以上是在新加坡做集訓時的體驗。這個經驗頗為奇妙，不過，在場的人都目睹到這個神奇的現象。

無中起火（熱）的火意識法

為鍛鍊仙道術的能力而做一般的訓練法時，常會出現奇妙的現象。譬如會突然出現火。有一天，我與同好八人左右正打算練習隱身術。當時正值寒冷的冬天，由於大家的陽氣不足，於是決定利用氣功法做產熱訓練，及熱的意識法。為的是想要提高陽氣。

首先做練氣功的捏球及振掌，或捏球振掌合式法，最後以擦掌訓練為結束。這些都是簡單的訓練法，但是，像我們這些習慣仙道的人做這些訓練時，手掌會異常地發熱。因為我們本就具有旺盛的氣。譬如練習擦掌時僅只數分鐘，手掌彷彿熨斗般的熱。

在練習中手掌的熱度極高，因此改做意識法。首先將變熱的雙掌朝向遁甲冥想盤，彷彿煽火般地上下擺動，接著想像手中的熱氣使冥想盤起火，火勢洶湧的樣子。

當感覺到冥想盤散發出強烈的熱氣時，再想像從口中吹氣助長火勢的情形。

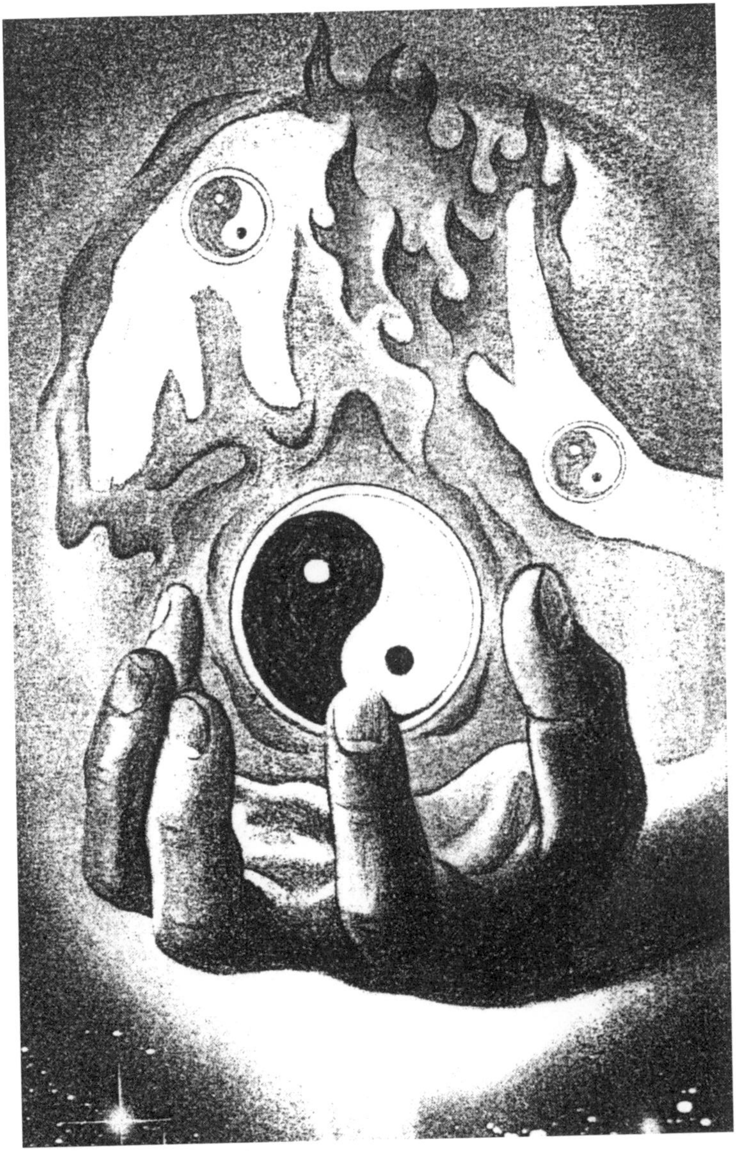

結果從冥想盤真的散發出強烈的熱氣。

這時四周沒有人使用火，但是，將手放在冥想盤上方，確實能感到一股強大的熱力。

由於我是藉由各種訓練法在手掌上加熱，因此能感覺到熱度（這個說詞也有點奇怪。因為發出熱的是冥想盤！），而第三者竟然也能感到冥想盤所發出的熱氣，確實不可思議。

這種現象令人不得而解，只能以奇妙解釋。

在《神仙傳》中恰好記載著有關這個現象的例子。書中所介紹的是道教靈寶派祖師葛玄仙人的事蹟。

某個寒冷的冬天，葛玄的住處來了數名訪客。他告訴他們說：

「小生一貧如洗，無法給各位爐火取暖，我想起個火讓大家一起取暖。」

說完後張開口吐出氣，結果突然冒出火來。火勢漸漸傳滿整個房間。客人們有如置身於向陽處，卻沒有炙熱感。

葛玄所升起的火，在我們的仙道法術中是屬於意識之火。但是，有時真的會引起火，筆者就曾目睹過數次。當天的練習也發生了起火現象。

訓練中每個人的手掌雖然產生熱氣，我卻覺得還不足以練成仙道術，於是命令他們增強意識力，提高全身的熱度。因為以目前的陽氣相對於現在的寒冷，根本無法練成仙道術。我命令大家想像體內生火的樣子，在我的催促下，他們每個人都開始運用意識想像生火的情景。

不久，所有訓練者的體內開始產生出強烈的熱氣，房裡充滿了炙熱的火氣。但是我仍然要求他們想像更強盛的火氣。

大約經過十五分鐘左右，突然有一股怪味，彷彿是什麼東西燒焦的氣味。這股味道似乎是從他們穿著的衣服散發出來的。而他們也紛紛叫著「奇怪，有一股焦味」。

我雖然有點疑慮，卻仍然要求他們繼續做火的意識法。

就在這個時候，叫做小須田的訓練者的衣服上出現一點紅光。仔細一瞧那雖然細小卻無疑地是一點火苗。

大家都被這個光景嚇了一跳，個個瞠目咋舌，訓練只好停止。

隨後我檢查小須田的衣服，衣服上清楚地留下一小個燒焦的痕跡。看到這個痕跡，每個人忍不住叫了起來。

後來再做火的意識練習時，還經常碰到發火的現象。

利用氣的能力撞見天安門事件的情景

八〇年代的年尾正好是日本昭和天皇駕崩之後。從事仙道的我們經常感到一種奇妙的不安，敏感的人也許已經猜中是怎麼回事吧，一股莫名而異樣的感覺經常纏繞在身邊。

對我們從事仙道的人而言，那種感覺像是從某個方向強烈地發射而來。當然，我們既非預言者也不是具有超自然能力的人，除了這種感覺外並無法有更深入的瞭解。

剛開始以為是和昭和天皇的駕崩有關，但似乎不僅止於此。我一直覺得有更重大的事情，譬如世界大戰或天災等將要發生的預兆。

由於這種感覺揮之不去，某天我召集仙道術的同好，建議大家來探討這種感覺的真相。

根據我的直覺，那種感覺似乎來自未來。我覺得未來將發生極為嚴重的變動，那股衝擊力超越時空，朝我們身上壓迫過來。當然這純屬推測並無確實的證據。

因此，我認為與其胡亂揣測不如主動去探討答案。於是試著拉扯所感應的氣。

做法非常簡單，只要將手掌朝向氣傳來的方向，擺出招喚的手勢。不過方法雖然簡單，若沒有練就仙道神通的人根本毫無意義。因為不會有任何反應。

用手掌拉扯那種感覺，大約十五分鐘後，房間漸漸地熱起來，其中還散發出焦味。

剛開始像是燒木屑的味道，隨即雜著生肉燒焦的氣味，那個味道簡直是臭氣衝天，一名在場的人叫嚷著「這好像是在火葬場燒屍體的味道」。

在昏暗的房間四周，彷彿火燄形狀的白色靈氣漸漸地擴散開來，好像正在燃燒什麼東西一樣。

隨著時間的消逝，白茫茫的靈氣越來越清楚。

不久，靈氣的火燄開始聚集一起，結果變成人形一般的巨大火團。突然逼近正在施法的我，而且往我身上壓過來。

它的重量非比尋常，我使出全身力氣反推回去時，它又以加倍的重量襲擊而來。於是我又使出全身力氣反壓回去。

如此反覆持續二十分鐘左右，不僅是我，連在場所有的人都為這個景況嚇得目瞪口呆。

我覺得侵襲而來的這股力量簡直就是「死亡」。因為我覺得若不搏倒它，恐怕會喪失生命。

現在我能侃侃而談這段體驗，其實當時的景況極為驚心動魄，簡直就是生與死的交戰。總之，那是一段非常不愉快的記憶，可說是沉重而具有濃厚氣味的異形。

修道場的尾上先生事後回憶地說：

「從來沒有看過這麼恐怖的現象。幸好能平安無事。」

天安門事件出現眾多的犧牲者，給全世界帶來了極大的衝擊。

當天晚上就發生了震驚世界的天安門事件。得知這個消息是隔天下午。

看電視的新聞或報上的照片，現場到處是濃煙與火燄。這個情景和前天所看到的景象不謀而合。

當我聽說在天安門廣場及火葬場有數千名民眾被燒死的消息時，才明白當時何以有那麼濃烈的燒燬生肉的氣味，因為我們所看見的就是變成火燄形狀的死者。

當天還看到另一個現象。那是火燄形狀的白色靈氣消失後，閉上眼再追蹤其他的感覺時發生的。

當白色靈氣離去後我們感到還有莫名的東西往我們身上擠壓過來。因此，我們閉上眼睛想更具體地看這個莫名擠壓物的情形。

全體閉上眼睛一會兒之後，慢慢地顯現出具體的形象。那是四處濃煙瀰漫的景況，但是，卻沒有燃燒的氣味。而且這個景象非常遠。

再仔細一瞧，看見廣大的水面及山的形狀。水面彷彿海一般的遼闊，到處可見陸地的形狀，山勢雖然低矮，卻呈富士山的形狀。

因為富士山根本沒有這樣的風景，於是開玩笑地說：

「我們也許看到了富士山爆發，關東平原淹沒在水中的情景了。」

但是，我們無法再做深入的推測，於是決定就此結束。

第二個印象和天安門事件不同，並沒有立即得到答案。但是，一個月後，從報紙上看到伊豆發生火山爆發，噴煙從海面宣洩開來的照片時，禁不住回想起這時所看見的情景。

因為我想起那裡正是伊東之海，其中有一個叫初島的島嶼也有一個熄火山叫大室山。我到過伊豆數次，當地的風景和我們所看到的景象完全一致。所不同的是沒有數條的煙霧直衝上天的光景。

或許我們更深入地追蹤，會實際地出現土地被海水淹沒，由地面冒出煙霧的災害風景？我還不知道是否有這樣的情況。

就從那時開始，每當有重大事故發生之前，總會有種異樣的感覺。在鳩尾附近老覺得不舒服，一股不安的恐懼令人坐立難安。

事實上，在異樣的感覺之後，東歐各國政情大變，柏林圍牆崩毀、接著是蘇聯的解體等，一連串地發生了許多重大事情。

每當向他人談及此事時，別人總會讚揚說太了不起了，可以隨時試試看。到底是外行人說的風涼話。如果一天二十四小時都有不安感，會令人寢食難安。個性較懦弱者將無法專心工作。我覺得除非必要，否則不要有這種感覺，才不會對肉體或精神造成傷害。

若要停止這種感覺，當感覺來時只要一再地用手勢抗拒說「與我沒關係、與我沒關係」，或視若無睹。持續這樣的態度一會兒之後，那個感覺就會停止。

不過，曾經有過這種體驗的人，若碰到與自己相關的緊急狀況，仍然會出現這樣的感覺。

仙道術的超自然怪異現象

超自然的怪異現象在修行內功等訓練法時幾乎不會出現。但是，若是仙道術在訓練時常會碰到這類現象。而且，都帶有令人驚訝的物理現象，以實際的體驗出現。

以仙道的修行立場而言，現象本身是修行的延伸，希望各位不要把注意力集中在這裡。不過，在訓練的過程中會經常碰到這些現象，因此，對這方面應該有點知識。

所以，接下來只介紹實例，各位絕對不可產生興趣，若產生興趣會妨礙修行，只要將它當做一種現象就好。希望各位謹記此點，再來看我們所經歷的怪異超自然現象。

我們是在新宿的某棟大廈的四樓練習仙道術。一個月一次左右的聚會，但是，雖然次數不多卻經常出現奇怪的現象，而且非常真實。與其說是超自然現象，毋寧是一種物理現象。

為了讓各位更清楚理解接著所經歷的體驗，首先把我們訓練用的房間擺設作一番介紹。

那是一個和式房間，約有三十個榻榻米大。走廊及窗邊都成雙層構造，除了牆壁部分之外，外側是窗或鐵門，內邊則是隔間的紙門。因此，如果全部關上時就成一間完全的密室，這是最適合修行的房間。

但是，每當在此做仙道術的訓練時，幾乎都會出現超越常識的奇怪現象。最常見的是下面的現象。

當我們做訓練時，在隔間的紙門上常會出現人影。每當我們走到紙門旁想一探究竟時，那個人影就劈哩啪啦地快步逃開。

但是，這是絕對不可能的事。因為以房間的格局而言，如果將面向走廊的鐵窗關上，外人根本無法進入。

我們打開出現人影的紙門時，果然沒有發現任何人。房間外側是一道玻璃門可以通往屋外的庭園。但是，確實地上了鎖根本無法從外進入裡面。

除此之外，還聽到有人環繞周圍的腳步聲。這比剛才的人影更令人難以置信。

因為並沒有走廊或通道環繞房間外圍的構造，除了面向庭園的隔間紙窗外，剩下的就是面對走廊及窗邊的隔間紙窗。而且面向走廊有一面鐵門，門上還上了鎖，另一面鐵窗的對面是窗戶，打開窗戶就是天空（位於四樓）。這三間隔間紙窗互不相通，根本不可能在房間繞轉。

但是，偶而出現敲打鐵門的怪聲，隨即又有彷彿人快速走動的腳步聲，腳步聲又移到窗側的隔間紙窗附近，用力的搖晃。而且，隨即回到出現影子的面向庭園的隔間紙窗附近，發出嘎嘎嘎的搖晃聲。

搖晃的程度非同小可，最後連面對走廊的木門也鬆開了。

當然，我們一聽到聲音便走到發出聲音的地方，打開門及隔間紙窗確認是否有人在那裡。但是，從來沒有發現任何人。

後來我們仔細想想，只不過是發出聲音的現象罷了，就任由它去，不去管它後反而變得安靜。當然現象本身並沒有完全消失，只是不再那麼吵雜了。總之，你愈在意，情況就愈顯著。

不僅如此，還有更奇怪的事情是，不僅發出怪聲音或在窗上出現影子，甚至從紙窗中透出光芒。

那是直徑十五公分左右的光團，彷彿探照燈一樣，平面形狀的光束宣洩到屋裡，越過我們的頭上，最後消失在房間中。

雖然我的作為好像超能力者一樣，卻對這種現象毫無興趣。但是，一起訓練的伙伴們每看到這種現象就嚷嚷著：

「老師，這是異形，它是來偷看我們到底在做什麼？」

而我卻不認為是這麼單純，倒覺得也許是練習仙道法術時，我們的氣變得特別強，而造成這種現象罷了。

此現象除了奇怪之外，倒也沒什麼了不起。因為它除了令人驚嚇，並沒有任何意義。

但是，有一次卻發生一個事關緊要的事情，我才覺得其意義非凡。

那是一九九〇年颱風襲擊東京的時候，這時颱風和超自然現象，表現出極為奇妙的關聯性。

九○年的颱風不論其規模或所行經的路線，都是十幾年來罕見的威勢。幸好在緊要關頭改變了風向，否則首當其衝的東京必定釀成大災難。

當天，我們又在那個房間練習仙道術。如前所述，我們從事仙道的人和天候的相性似乎頗為匹配。因此，在一般的情況下做練習時絕對不會碰到這麼惡劣的天氣。

但是，那天颱風登陸了，而且是難得一見的超級颱風。我望空興嘆卻仍然前往會場。大約是傍晚五點左右雨勢最強。雨傘根本發揮不了作用。

我擔心如果東京也刮起颱風就不妙了，既然大家已前來，只好照計劃開始練習。

下午六點，全體集合完畢，正想開始做訓練的準備時，突然發覺一件奇妙的事，因為戶外異常地平靜，來會場前所聽到的狂風暴雨聲到那裡去了？房間雖然完全封閉卻無法百分之百隔離聲音。若是綿綿細雨也許就聽不到。但是，颱風天的狂風暴雨絕非有雙重窗戶就足以完全斷絕其聲響。

但是，一個從未聽過的怪聲音突然劃破屋中的靜寂。

在以往的訓練中也曾出現數次奇妙的聲音，是非常真實的聲音。但是，當天的聲音和以往的相較起來特別的強大。

首先是彷彿某巨大的物體由天空跌落地面的聲音，轟隆一聲巨響。不過，卻不是雷聲，而是彷彿人跌落在地的聲音。

接著又從隔間紙窗的對邊不停地傳來彷彿打地樁一樣地厚重而響亮的聲音，聲音之大簡直就像是打地樁的機器聲一樣。不過，聲音本身卻像人踩在地板上的聲音。但是，若不是超級巨人決不可能發出如此巨大的聲音。

聽到如此吵雜的聲音，我心想在其他房間的人若聽到這個聲音不知會有何反應……。

依常理而言，根本無人能發出這樣的聲音。因為我們所在的房間是位於大樓的頂樓，怎會有人再往上爬。同時，彷彿巨人的大腳踩在地上的聲音從隔間紙窗傳過來，這一點也非常可疑。因為在紙窗的另一邊沒有任何人在。

一陣咚咚咚的踩步聲後，紙窗又和往常一樣地搖晃起來，搖晃的程度非比尋常，似乎是被一股強大力量搖晃的感覺。從搖晃的方式看來，並不是風力的影響，簡直就像有許多人用力地用手搖晃一樣。

不久又出現了一段光，以往也曾經看過，不過都是在房間的燈光打暗之後。而當天燈火通明，在場的所有人都看見紙窗上出現一道紅光。

當場正好有一位有通靈能力的人，大家問他看到了什麼。據他所言，他看到了一個呈雨傘形狀的東西。聽他這麼一說，我也仔細地觀察，的確紅光的部分可以看到一把傘的形狀。

但是，除此之外沒有任何的變化。縱然這種現象有某種特殊的含意卻與我無關。我必須召開一個月一次的仙道法術研習會。此時所出現的怪異現象雖然頗具規模，卻是經常發生的現象。我可沒閒工夫一一去理會。

我這麼想之後隨即開始仙道法術的訓練。但是，我們卻辦不到。因為當我們想開始做某種訓練時，就傳來重物落地的腳步聲以及紙窗搖晃的聲音。我們只好將注意力轉向聲音的來處，結果這些聲音就稍微收斂。於是我們又開始做訓練，這時腳步聲及紙窗的搖晃聲又開始了……。

如此反覆數次後，我忍不住大吼一聲：

「有人在的話就請進到屋裡來，一起做訓練吧！」

結果聲音嘎然而止，感覺到似乎有一種不明的東西進到屋裡。此後就不再有怪異的聲音發生。當一切恢復平靜時，我們打開發出聲音的窗子探頭一看天空，不禁嚇了一跳。因為颱風不知何時已經消失無蹤了。

隔天參加訓練的一名成員說：

「據說昨天的颱風來到東京附近，不知何故突然改變風向。」

根據氣象局所發佈的消息，像如此地突然改變風向的颱風頗為罕見。

若能允許我發揮想像力來解釋的話，我們所體驗的怪異現象和颱風的路線變更也許有某種關係吧！說不定主導颱風行進路徑的力量之主落到凡間，而使得颱風急速地改變路線。

若是如此，那麼彷彿由空中落地的巨大聲音，以及恰似巨人的大腳咚咚地踩在地面上的厚重聲音，就可以獲得解釋了。當然這純屬筆者的推測。不過，以法術世界的觀點而言，這些現象並不能只以付諸一笑了事吧！

因為能與超現實世界的神奇力量接觸的，只有我們所從事的仙道法術。根據中國古典著作的記載，古代的仙人可以輕易地發揮這樣的神通……。

正因為如此，希望讀者們能用心地訓練本書所介紹的各種仙道法術。藉由這些訓練，您一定可以進入充滿著神奇與浪漫的仙道法術的深奧世界。

後序

以上我們談論各式各樣的神奇仙術，以及筆者所思考出來的修練這些仙術的技巧等。

古代仙人所施展的法術確實詭譎神奇，而我們所體驗的各種情況更加深了仙術的神秘與怪奇。這些是一般人在普通的生活中，絕對無法碰到的事情。

不過，目前有關這類系統技巧的介紹似乎極為罕見。零星分散的記錄雖然時而可見，但是，具有系統的技術除了西洋法術或密教之外卻屈指可數。

事實上，這些較有系統的技術不但繁雜而且不易瞭解。當然，我個人所建立的體系亦然，其實中國的法術、符咒有極為繁複的符咒書寫方式、咒文的念誦法，以及各種儀式的做法，光是記憶就令人吃不消。

但是，根據我們鍛鍊仙道的經驗而言，這些繁複而瑣碎的道具或儀式等並非必要。只要具有氣的能力及氣的集中法，任何法術都可輕易的習得。

當然，為此必須具備標準的仙道能力，亦即比在內功或外功的訓練上要較一般人更為純熟。因此在這方面的訓練，必須比其他的修行法更加倍的努力。

基於這些條件，則如序文中所言，本書的系統就是為了首次涉足這個領域的人所編撰的。

我個人編撰的仙道術，最重要的是強調各種能力的利用法。因為除非像我一樣拋棄一切全心投入仙道，一般人都可能因為時間不足或做法欠佳而缺乏決定性的內功能力。

因此，若不藉用某種強烈的能力，一般人將永遠無法習得仙人術的技巧。

有關這些能力的利用法，本文已從各個角度給予說明。但是，由於介紹的方式零散，也許還有許多讀者尚未完全瞭解。因此，在文末我想對能力做一番總整理。

首先，第一章所出現的「劍仙術」，亦即「護身、結界法」與「召神將術」做法非常單純。只要利用本身所具有的氣的能力就可練成。其實在這個部分，訓練增強威力的意識法反而更為重要。

而第二章、第三章所介紹的各種仙術，譬如「隱身術」「出神術」「空中浮遊術」，若不利用方位所具有的能力，則無法成功。要想運用自己的氣出現這些現象，如果沒有具備可以吹倒十人左右的氣功武術，大概辦不到。

至於何謂方位的能力，在此很難一言以蔽之，總之是指八個方位，亦即空間所創造的能力。

其中所謂的八門是指固定的方位所產生的能力。使用於占卜術的遁甲八門，是隨年月、日時而改變的運動要素，但是，仙道術中的八門，則是單純的固定方位。名稱雖一樣，內容卻完全不同。請各位不要誤解。

換言之，若是休門則是利用在北方作用的空間能力，開門則是利用在西北方向的作用能力。雖然我對這些能力並非完全瞭解，但是我認為這就像地球的磁場或電場之類的能源。

若能以你的意識力增強這些方位的能力，不久這些場所（方位）會積蓄驚人的能力，而出現本文所提及的異常現象。

另外一個要素——九星是隨著年月、日時不停地改變方向的自然能力。這就和占卜的遁甲中所使用的九星非常接近。本書認為九星的能力也許和太陽方位或地球磁場有關。我想大概八九不離十。

閱讀九星的部分時，由於其訓練法非常複雜，也許有人覺得厭煩，不過請勿因此中輟。持之以恆地訓練總有一天會藉由體驗，亦即感覺而瞭解。也許可以透過凝視而發覺其道。

到了這個程度就可把本文所記述的一切內容拋諸腦後，用自己的身體去感應。法術最重要的是感覺，最好不要用腦力深入的思考。

第四章所談論的「氣候制御」與「地氣制御術」是利用大氣的能源，中國占卜術中的「風水」論中，有更為詳細的介紹。除了意識法之外，若不使用大地所發生的強大地氣，成功的希望非常渺茫。

有關「風水」的問題，礙於本書的篇幅無法多做介紹。等以後有機會再向讀者介紹風水的技巧，在目前的階段，讀者只要利用自己本身所具的氣的感覺，去修得法術的入門之鑰即可。

以上是能力使用法的總整理，希望各位多方研究，使能力的運用更臻純熟。

二十世紀已經接近尾聲，而時代似乎陷入更為混亂的局面。但是，和以往不同的是一點也無法掌握未來的動向。對人類而言，眼前充斥的是人口爆炸、環境污染、世界性的政經混亂等破滅性的問題。任何主義、主張或常識已經失去軌跡可循。

我覺得在這樣的時代正需要仙道法術。

事實上現在的時代和古時候仙人們所生長的時代幾乎是一樣的。他們是生在戰亂頻繁與局勢混亂的時代，而憑著自己的才識與法術度過如此動亂的時代。

因此，我希望有更多讀者對仙道法術的技巧產生興趣，以自己的能力開創自己未來的方向。

衷心感謝各位讀者不吝賜讀，在此誠心地祝各位，能因持續不斷地努力而窮究仙道術的奧妙。

高藤聰一郎

附圖 遁甲冥想盤

（切割線）

附圖 遁甲冥想盤

（切割線）

附圖 遁甲冥想盤

(切割線)

仙道術遁甲法

原 著 者｜高藤聰一郎
編 譯 者｜呂奕群

發 行 人｜蔡孟甫
出 版 者｜品冠文化出版社
社　　址｜台北市北投區致遠一路 2 段 12 巷 1 號
電　　話｜（02）28236031．28236033．28233123
傳　　真｜（02）28272069
郵政劃撥｜ 19346241
網　　址｜ www.dah-jaan.com.tw
電子郵件｜ service@dah-jaan.com.tw

登 記 證｜北市建一字第 227242
承 印 者｜傳興印刷有限公司
裝　　訂｜佳昇興業有限公司
排 版 者｜ ERIC 視覺設計
2 版 1 刷｜ 2014 年 11 月
3 版 1 刷｜ 2024 年　4 月

定　　價｜280 元

國家圖書館出版品預行編目 (CIP) 資料

仙道術遁甲法／高藤聰一郎 著；呂奕群 編譯，
——初版——臺北市，品冠文化出版社，2014.11
面；21 公分——（壽世養生；20）
ISBN 978－957－557－619－6（平裝）
1.CST: 術數
290　　85006327